サクッとわかる

非認知能力

オールカラー

ビジネス教養

中山 芳一 監修
All HEROs合同会社　代表
IPU・環太平洋大学　特命教授

新星出版社

はじめに
Introduction

みなさん、本書のテーマは「非認知能力」です。最近、いろんなところで目にされたり耳にされたりすることが増えてきましたが、みなさんはこの言葉をご存じですか？

学力テストなどで点数化できる力を「認知能力」と呼ぶのに対して、それができない力のことを「非認知能力」と呼びます。これまでも「人間力」とか「見えない学力」とか言われてきたものだと思ってください。そのようにみていただくと、とっても身近な力であることをおわかりいただけるでしょう。

そして、おそらくは多くのビジネスマンの方々が、この力の大切さをわかっていらっしゃることと思います。勉強だけできて、いわゆるランクの高い大学を卒業したからといって、必ずしも「社会で活躍する人」にはなれないということを、私たちはすでに知っています。また、その逆にランクの高い大学どころか、大学そのものに進学していなくても、社会人になって思いきり活躍されている方がいらっしゃいます。両者の違いを一言で言ってしまえば、なんらかの非認知能力が高い（または低い）人ということになるでしょう。

そこで本書では、この非認知能力には一体どのような力があるのか、なぜ今ごろになってこれほどまで注目されるようになったのか、そして、実際にどうやって伸ばすことができるのか……といった内容について、できるだけみなさんにサクッとわかっていただけるようご説明しています。また、みなさんの中には、いま、まさにお子さんを育てている方もいらっしゃることでしょう。そんなみなさんが、ご自身だけでなく、お子さんの非認知能力を伸ばすためにもお役立ていただける一冊になるようにしていますので、ぜひこのまま読みすすめてください。

この一冊を読み終えたとき、みなさんの非認知能力にきっとプラスの変化が生まれていることを心から願っています！

中山芳一

CONTENTS

STAFF

デザイン 別府 拓（Q.Design）
イラスト まつむらあきひろ
取材・執筆協力 菅原嘉子
DTP 佐藤世志子
校正 夢の本棚社
編集 株式会社スリーシーズン（小暮香奈子）

ノーベル経済学賞を受賞したヘックマン教授が研究・提唱！

ジェームズ・J・ヘックマン
アメリカの経済学者。教育や貧困、労働経済学にかかわる研究を続け、2000年にノーベル経済学賞を受賞。

非認知能力

これからの時代に必要とされる「目に見えない力」

「非認知能力」は、テストの点数やＩＱなどでは評価できない、「目に見えない力」のことです。２０００年にノーベル経済学賞を受賞したジェームズ・J・ヘックマンが、「社会格差を解決するために必要な、自制心や好奇心、協調性などの情緒や社会性にかかわる能力」として示した非認知能力は、日本では以前から「生きる力」「人間力」とも呼ばれ、これからの時代を生きるためには必要不可欠な能力といえます。

Prologue
0

世界が注目する

非認知能力の習得は日本の教育課題のひとつ

非認知能力を身につけることは、社会的な成功や幸福度の増進、反社会的な行動の減少などに影響を及ぼすと考えられています。OECD（経済協力開発機構）でも、非認知能力とほぼ同義である「社会情動的スキル」の重要性が提唱され、さらに「OECD生徒の学習到達度調査（PISA）」の結果をもとに、「自ら考えて決断できる」という非認知能力を伸ばしていくことが、今後の日本の教育課題と考えられるようになりました。

OECDによって社会情動的スキルが提唱される！

目標の達成	忍耐力・自己抑制・目標への情熱
他者との協働	社交性・敬意・思いやり
感情のコントロール	自尊心・楽観性・自信

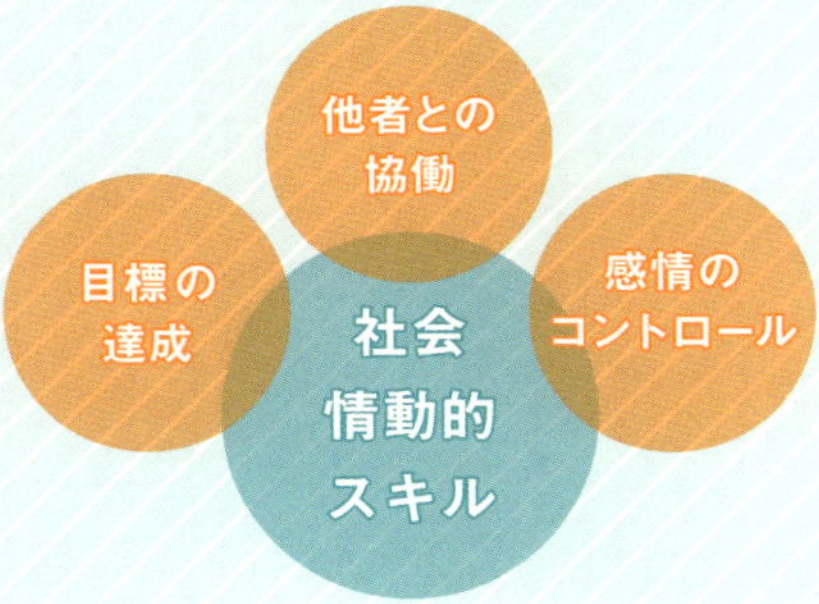

Prologue

1

これからの時代、なぜ非認知能力が必要なのか？

スキルや技術を
アップデート
し続ける！

学び続け、時代に合わせてアップデート！

日本の平均寿命は、84・5歳で※世界最長。やがて迎える「人生100年時代」においては、時代の大きな変化を一生のなかで何度も体験しなくてはなりません。しかし、環境や困難などさまざまな変化が訪れようとも、時代に合わせて知識やスキ

※出典：WHO「世界保健統計」2024年版

人生100年時代が到来するから

ルをアップデートすれば、時代の変化の波をうまく乗りこなすことができます。
　そのためには、常に学び続ける必要があり、そこには「好奇心」や「柔軟性」といった非認知能力が欠かせないのです。

Prologue 2

これからの時代、なぜ非認知能力が必要なのか？

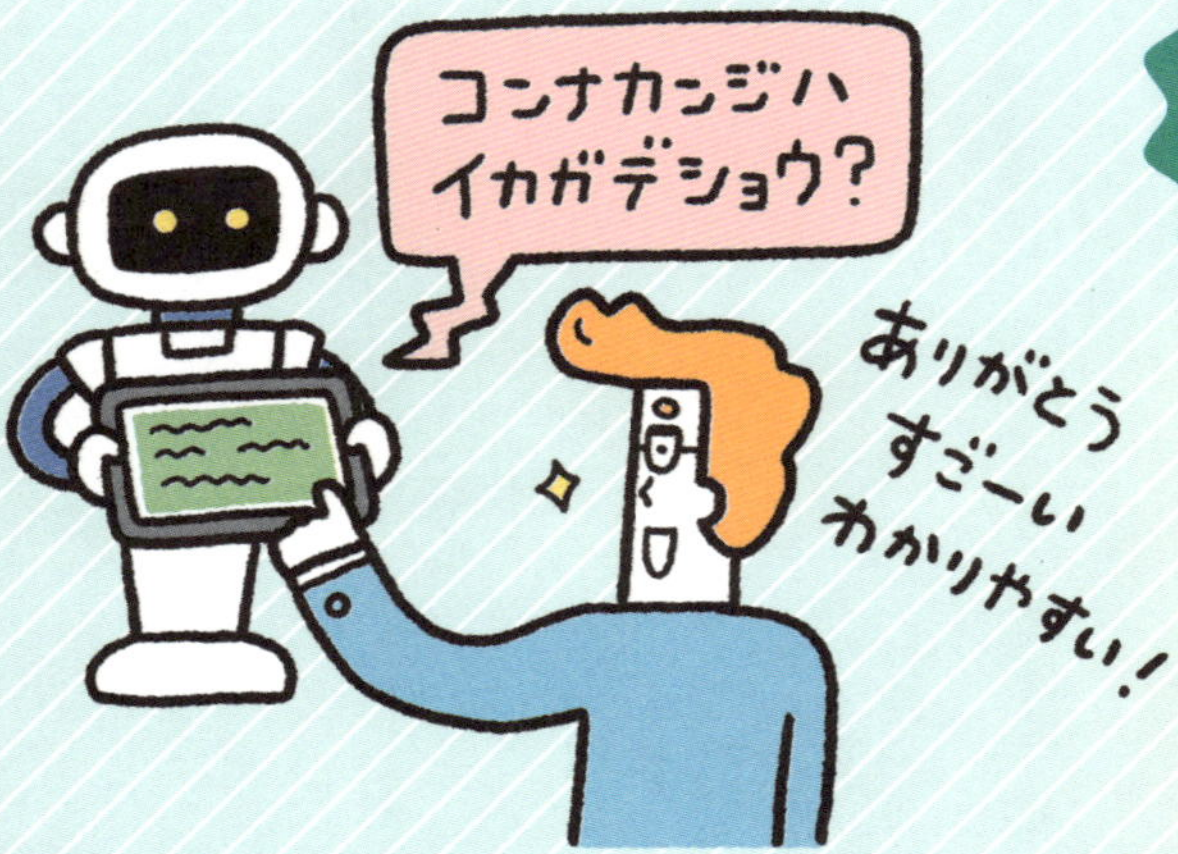

だから

「人間にしかできないこと」を非認知能力が生み出す

AI（人工知能）の発達で、今後は多くの仕事をAIに任せられるようになります。これは「AIに仕事を奪われる」のではなく、私たち人間が「AIにはできない仕事」を担うようになるということです。

たとえば、人々を幸せにするアイデアや、多くの人とつながることで新し

新しいアイデアを生み出せるのは“人”

AIとの共存が不可欠

この間
調べたの
やってみたよー
なるほどねー
じゃあ、この先は
私が考えてみる!

い世界を生み出すことは、人間にしかできない能力です。これらの「人間にしかできない分野」で活かせる「創造力」や「協調性」が、非認知能力なのです。

Prologue
3

これからの時代、なぜ非認知能力が必要なのか？

「VUCA」の時代に

変化を恐れず、常に学び、成長し続ける力が求められる！

VUCA

Volatility
（変動性）

社会の仕組みや人々の考え方などが大きく変化し、またそのスピードが速い状況。ビジネスシーンでは、時代の流れを敏感に察知し、的確な判断を素早くくだす必要がある。

Uncertainty
（不確実性）

気候変動や未知のウイルスの感染拡大など、将来なにが起こるか予測できない状況を示す。日本ではひと昔前の雇用制度など、既存の労働システムへの不安要素が増えていく。

Complexity
（複雑性）

インターネットの普及でビジネス市場は広がるも、同時に複雑性が増した状況。他国の常識や習慣、法律などの違いにより、さまざまな要素が複雑に絡み合うようになる。

Ambiguity
（曖昧性）

３つの要素「変動性」「不確実性」「複雑性」が重なることで、物事の因果関係が曖昧になっている状況。多様化により、ビジネスにおいての成功要因もつかみにくくなっている。

突入しているから

不確定な時代の変化を乗り越える力

「VUCA《ブーカ》」は、あらゆるものが目まぐるしく変化し、予測ができない状況のこと。世界的に産業構造が変化し、日本において転職率の増加や成果主義の採用などが生じています。また、感染症の世界的な流行や大規模災害など、予測不能な事象が起こることも考えられます。

そんな不確実な要素の多いVUCAの時代だからこそ、「柔軟性」や「楽観性」といった非認知能力を発揮して、時代の変化を楽しみながら着実に乗り越えていきましょう。

column 1

これからの時代に必要な非認知能力。特別なことをしないと伸びませんか？

「非認知能力」という言葉だけを見ると、なんだか難しい感じがしますし、「能力」というならば、必死に努力しなければ身につかないものなのでは？　と思われてしまうかもしれません。しかし、非認知能力は難しく大変なものではなく、だれしもが生活のなかで知らぬ間に身につけられるものなのです。

たとえば、目の前においしそうなお菓子があったとしましょう。そして、まわりにあなたの大切な友達が何人かいたとします。そのとき、あなたはみんなを横目に、お菓子を独り占めしますか？　決してそんなことはないはずです。「みんなで分けて食べたほうが楽しい」「みんなのよろこぶ顔が見たい」「独り占めってカッコ悪いよね」――そんなさまざまな思いから、友達と分け合って食べようとしますよね？　これこそが非認知能力といえます。

自分一人の幸せだけでなく、まわりの人の幸せも考えたり、または自分の幸せをよりよくしようとしたり……。そういった「よりよい自分」「よりよい幸せ」を目指すのが非認知能力であり、ふだん生活するなかでちょっと考え方を変えたり、その考え方に従って行動を変えたりしていくことで、自然と身につけられるものなのです。

Chapter

1

非認知能力を知ろう

日本に限らず、世界で注目を集める「非認知能力」。育児や教育、ビジネスの分野でも話題になるキーワードですが、実は、昔から大切にされてきた「心」にまつわる力だって知っていましたか?

（勉強はできるけれど）仕事ができない人
（勉強のできは普通だけれど）仕事ができる人

その差は一体、どこにある…？

結果を出すために必要な「数値化しにくい力」

勉強ができたからといって、必ずしも仕事で能力を発揮できるとは限りません。一方で、学校の成績はほどほどであっても、能力を最大限に活かし、仕事で多くの結果を残せる人もいます。

この両者の違いには、学力やIQといった「数値化（点数化）できる力」ではなく、はっきりとは目に見えない**「数値化しにくい力」**がかかわっているのです。

かつて「勉強ができて、偏差値の高い学校に入り、“大企業”で働くこと」は成功基準のひとつでした。依然として勉強ができることは大切ですが、必ずしも人生の成功が保証されるものではなくなりつつあります。

非認知能力かもしれません……

学力やIQを支えるために必要不可欠な力

学力やIQは、仕事の能力や評価に直結しているわけではありません。どんなに学力が高くても、仕事で使いこなせず、意欲や持続力、思いやりといった学力以外の能力が劣っていては、仕事での評価が上がらないどころか、マイナスの評価をされてしまうこともあります。

一方で、自分の学力と現在の仕事を照らし合わせて、「こんなふうに学力を

2人の能力の差を分けるカギは

活かしてみよう」と思える**意欲**や**柔軟性**があり、まわりの人とうまく**協調**できる人は、たとえ学力がほどほどであっても、仕事の能力や評価が高まる傾向にあります。

意欲や柔軟性、協調性――これらの力は、「**非認知能力**」と呼ばれています。非認知能力は、学力やIQのようにわかりやすい数値・点数で評価されることはありません。しかし、**学力やIQの向上を支え**たり、**仕事や人間関係を円滑にしたりする**には**必要不可欠なもの**なのです。

Q Question

非認知能力ってなに？

#意欲・向上心　#レジリエンス（回復力）　#自制心・忍耐力　#自信・自尊感情　#柔軟性　#コミュニケーション力

「非認知能力」とは、ずばりどんな力なのでしょうか。下のイラストに描かれた、ビジネスシーンにおける人物たちの様子を見ながら、考えてみてください。

納期が短いけれど
焦らずひとつひとつ
こなしていこう！
③
0月
うまく
いかないな…
⑤
次はこっちの
やり方で
試してみよう！

A Answer

生きていくうえで必要な数値化できない力

成功や幸福をもたらす「人間力」

仕事においては、学力やIQといった能力だけでなく、仕事への意欲やまわりの人との協調性といった「気持ちや感情にかかわる力」が必要です。前者の能力は「認知能力」と呼ばれ、テストなどで数値化しやすいのが特徴です。

一方で後者は、**点数化しにくい傾向にあるものの、その人の生き方に大きく影響し、仕事での成功や幸せな生き方を実**

①
実は…
意欲・向上心
慣れないことや苦手なことにも積極的に取り組み、楽しみやよろこびを感じられる。また、困難なことにも、自分の可能性を信じて取り組める。

②
実は…
レジリエンス（回復力）
失敗したり、つらいことや困難に直面したりした際、一時的に落ち込むことはあっても、気持ちを切り替えて立ち直り、再度挑戦することができる。

P.22～23の人物たちは、仕事に向き合う姿勢や職場での人間関係において、非認知能力をすでに発揮しています。その力は種類は違えど、だれでも持ちえる力なのです。

⑥
実は… **コミュニケーション力**
他者との意思疎通を、言葉だけに頼らず、表情なども活かして行うことができる。他者の感情や思いを、その理由や背景も含めて理解・受容できる。

現するには欠かせない力として、「非認知能力」と呼ばれています。

非認知能力は、以前より「子どもに身につけさせたい力」として、子育てや教育の分野で重視されてきましたが、近年ではビジネスの場でも活用されることが増えています。これからの社会において、時代の変化に柔軟に対応しながら、多種多様な経歴や価値観をもつ人々と協働するための能力こそが、非認知能力なのです。

③
実は… **自制心・忍耐力**
常に感情が安定して落ち着きがあり、プロジェクトなどの決められたことに忠実に従うことができる。困難な場面でも忍耐強く・注意深く取り組める。

⑤
実は… **柔軟性**
経験則や一般的な「正解」に固執せず、多種多様な考え・方法を受け入れられる。困難な場面で、さまざまなやり方を試すことができる。

納期が短いけれど
焦らずひとつひとつ
こなしていこう!
○月
③
うまく
いかないな…
⑤
次はこっちの
やり方で
試してみよう!

④
実は… **自信・自尊感情**
どんな状況においても、自分を信じることができる。自分の価値について、他者からの評価ばかりに目を向けず、自分を肯定的に受け止めることができる。

これからの時代に必要な理由

●人生100年時代
「先進国で2007年以降に生まれた人の半分が100歳まで生きる※」と予測される時代においては、「何歳になっても学び続けられる」柔軟性が求められている。

※出典:『LIFE SHIFT(ライフ・シフト) 100年時代の人生戦略(東洋経済新報社)』

● AIとの共存
多くの業務をAIが担うようになれば、AIと協業しながら、新たな価値や知識を生み出すことができる「クリエイティブ・クラス」の人材が必要とされるようになる。

● VUCAの時代
変化が激しく、今後の予測が困難な「VUCAの時代」に突入している現在、環境の変化にすばやく対応でき、新しい考えを抵抗なく取り入れられることが必要。

詳しくはP.10~15へ

Q Question

非認知能力があれば認知能力はなくてもよい？

＃認知能力　＃生きる力　＃ＥＱ　＃心の知能指数

これからの時代は、認知能力よりも世界で注目されている「非認知能力」を身につけることを優先するべきでしょうか？

密接にかかわり支え合う2つの力

認知能力は、学力やＩＱをはじめとした**「テストなどで数値化しやすい力」**のことで、成績や学歴として評価が得られやすいのが特徴です。一方で**非認知能力**は、**数値では測定しにくいものの、モチベーションや目標達成、社交性など、社会生活で欠かせない力**を含みます。

近年、「詰め込み教育」や「学歴偏重」が否定的に見られるようになったことから、認知能力も否定的にとらえられ、非認知能力が「認知能力より

A Answer

どちらも大切。2つの力は対極ではない

測りやすい力と測りにくい力

認知能力

- 読み・書き・計算などの見える学力
- IQ（知能指数）など

テストなどで点数（数値）化できる！

思考力
判断力
表現力

非認知能力

- 自制心・忍耐力・回復力
- 意欲・楽観性・自信
- コミュニケーション力
- 共感性・協調性など
- EQ（心の知能指数）

テストなどで点数（数値）化できない！

認知的な傾向　　　　非認知的な傾向

学力やIQなど、数値化しやすい能力は認知能力に、意欲や忍耐力、思いやりといった数値化しにくい能力は非認知能力に含まれます。ただし、思考力や判断力、表現力など、認知能力と非認知能力の性質を併せもった力も存在することから、両者をはっきりと分けることよりも、両者がつながりをもっていることに着目しましょう。

もすばらしいもの」と考えられがちになりました。

しかし、この両者は、「どちらがすばらしいか」と比較するものでもなければ、**対極にある力でもありません。密接にかかわり合い、支え合っている力**といえます。たとえば、認知能力である学力を向上させるには、意欲や持続力といった非認知能力が欠かせません。また、非認知能力であるコミュニケーション力は、言語能力などの認知能力が必要になります。このように、認知能力と非認知能力は、連携することで向上し、発揮されるものなのです。

Q Question

非認知能力と認知能力との関係性は？

#自己肯定感　#土台　#家の造り

この２軒の家は、一見すると、同じ時期に同じように建てられた家です。ですが、ちょっとした問題に直面したときや、長年使用した蓄積が溜まってきた頃などに、外観だけでは気づかなかった、内面の重要さが次第に表へと表れてくるのです。

目に見える部分と見えない部分がある

見た目が立派でデザインもすばらしく、人からも「すてき」「うらやましい」と思われるような家だったとしても、土台がしっかりしていなかったり、柱や筋交いが歪んでいたりしては、ちょっとしたことで壊れてしまい長持ちしません。

私たちも、表面上の「成績」や「評定」ばかりに目を向けて、「気持ちや感情のはたらき」といった内面の力をおろそかにすると、あっという間に「成績」や「評定」が崩れ落ちてしまう……ということも起こり得るのです。

A Answer

非認知能力と認知能力はともに伸ばしていく力

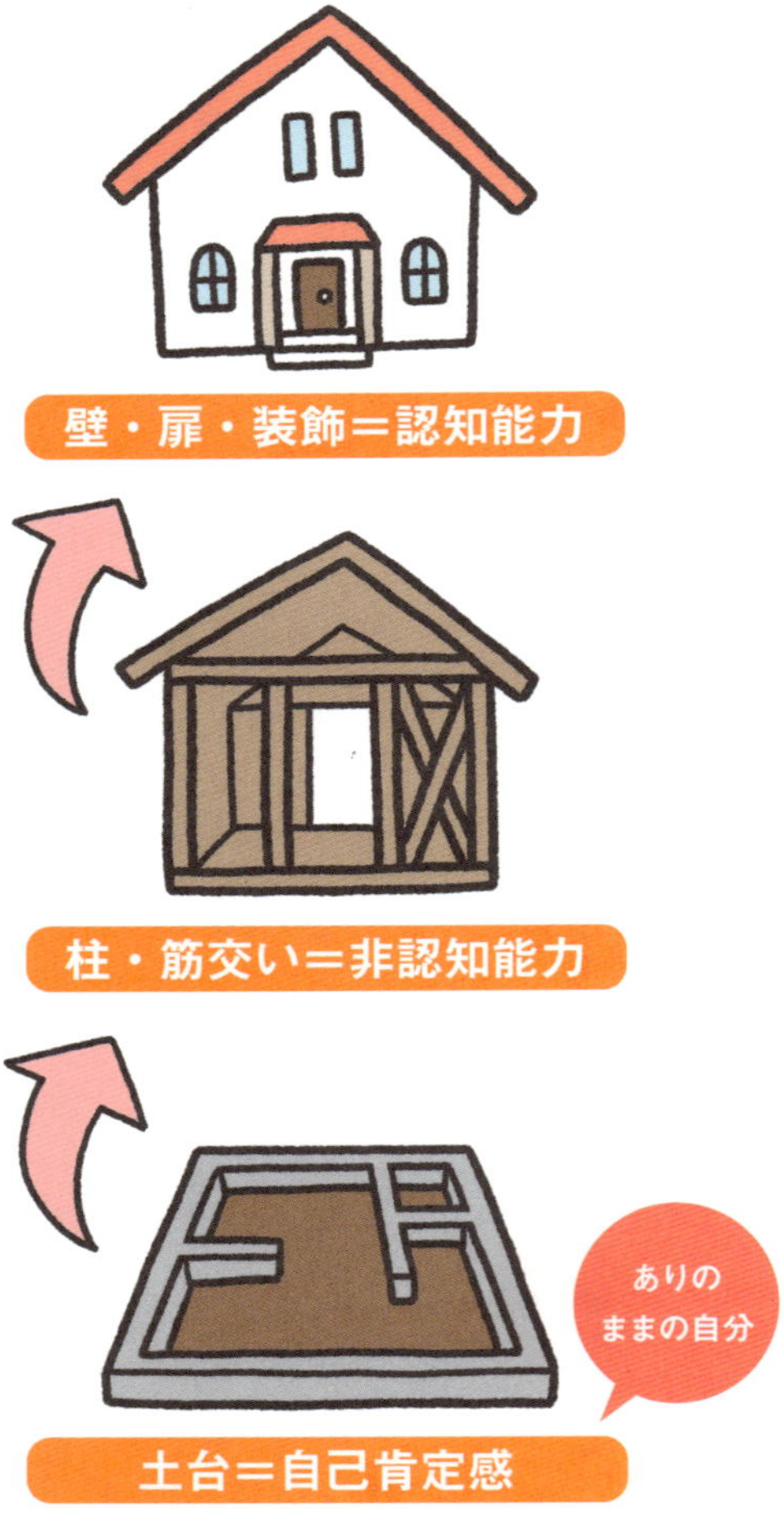
壁・扉・装飾＝認知能力
柱・筋交い＝非認知能力
ありのままの自分
土台＝自己肯定感

家の造りに見立てて考える

人間の能力を家にたとえるならば、土台にあたるのが自己肯定感（自己受容感。P.45参照）です。0～3、4歳ぐらいまでに育まれる人格の基盤をもとに、「ありのままの自分」を土台にし、「その自分を活かすにはどうするべきか」を考え、柱や筋交いとして身につけていくのが非認知能力です。

認知能力は、壁や屋根、装飾といった「目に見える部分」にあたります。どんなに豪華な壁や屋根をつくったとしても、内部の支え（非認知能力）がしっかり形成されていなければ、ただの「ハリボテ」になってしまうのです。

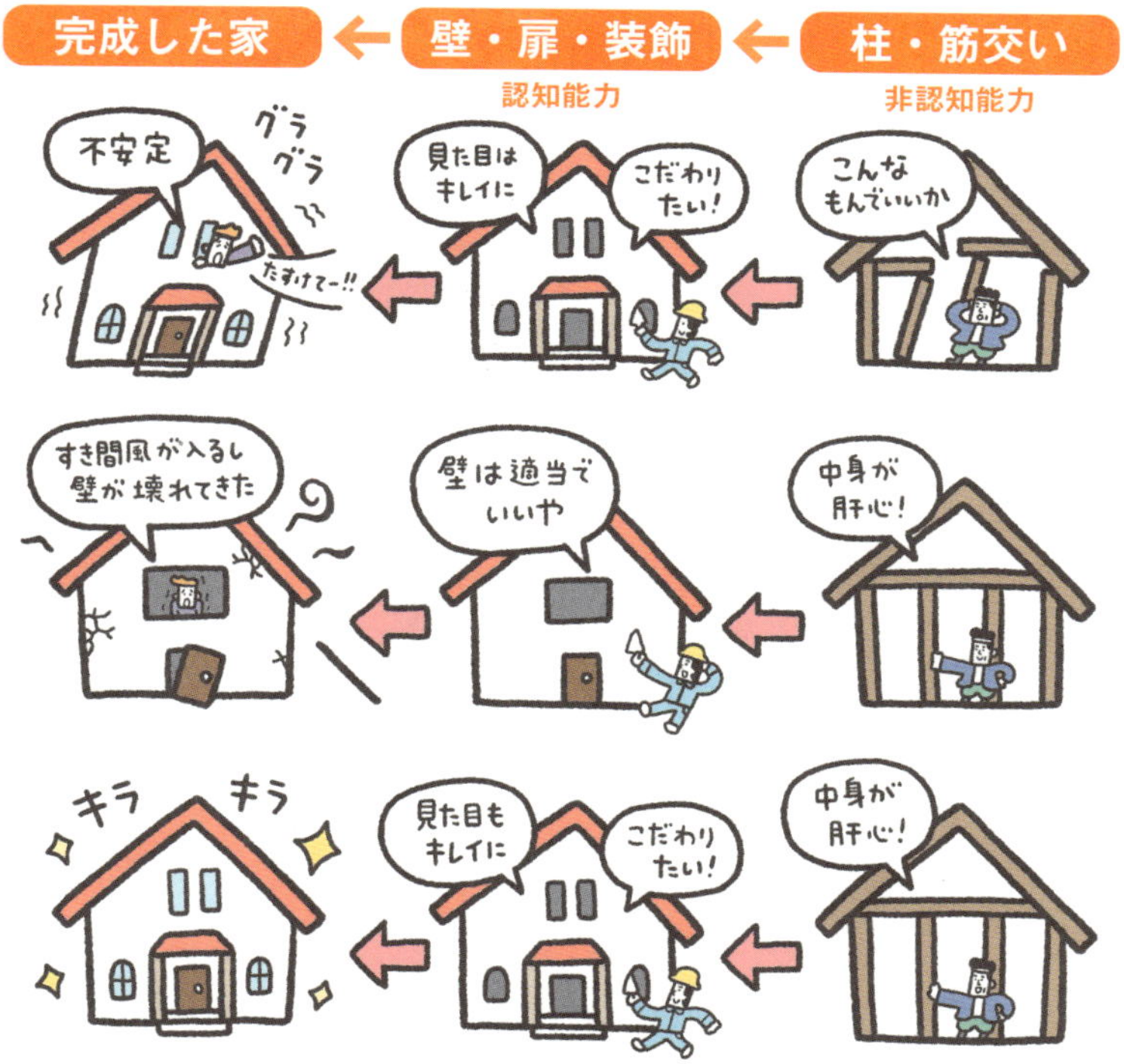

つながりのある両者を偏らせることなく伸ばす

学力などの認知能力を伸ばそうとしても、意欲や持続力などの非認知能力がなければ伸びにくく、たとえ伸びたとしても、伸び悩みや挫折などを引き起こしやすくなります。

一方で、非認知能力ばかりを伸ばしても、読み書き・計算などの学力や知識がなければ勉強や仕事などで成果を得ることは難しいでしょう。また、言語能力などの認知能力がなければ、思いやりやコミュニケーション力といった非認知能力を発揮することはできないように、**認知能力をおろそかにして、非認知能力だけを高めることは不可能です**。

つまり、認知能力と非認知能力は、つながりをもった存在であり、偏らせずに伸ばしていく必要があるのです。

非認知能力と認知能力の関係性

非認知能力が伸びると認知能力が伸びる！

非認知能力が伸びるなら、認知能力の伸びしろもあるはず。たとえば、友達に勉強を教わったり、残念な模試の結果から気持ちを切り替えたり……。そのようにできたことを自分自身で前向きに評価することで、成績（認知能力）も上昇すると考えられています。

認知能力は非認知能力に支えられている

学力や実務能力といった認知能力は、非認知能力に支えられてこそ伸びやすくなるものです。

たとえば、現在、学業の成績が悪かったとしても、勉強に取り組もうとする意欲や忍耐力、理解できない部分について「教えて！」と尋ねられるコミュニケーション力など、いくつかの非認知能力が向上すれば、やがて成績も伸びる可能性があります。また、勉強に意欲的に取り組む姿を「がんばっているね」と評価されれば、「私ってけっこうす

認知能力が高い人は非認知能力も身につきやすい？

　非認知能力が認知能力に影響を与えることは認められているものの、反対に認知能力の向上が非認知能力に影響を与えるかどうかは、はっきりとわかっていません。しかし、学力（認知能力）を上げようと勉強しているうちに、「自分に合った勉強法に切り替えよう」「毎日課題に取り組もう」などと、柔軟性や忍耐力の向上が見られるように、認知能力を向上する過程で非認知能力も向上できると考えられます。

非認知能力と認知能力は、ともに伸ばし合っていく力。図では、非認知能力が伸びることで、認知能力（ここでは学力）が伸びやすくなるプロセスをイメージとして表しています。

ごいんじゃない？」と自信（非認知能力のひとつ）を深められるようにもなり、さらに努力ができるようになって、成績もより向上していく……といった好循環を生み出すことができるでしょう。

　このように努力した結果、すぐに成績が伸びなかったとしても、「努力のムダ」などと思わずに、「ここまでがんばれたのはすごい」と前向きに考えられる力や、くじけずに何度もチャレンジする力、さまざまな勉強法を試してみる柔軟性も、すべて非認知能力です。これらが伸びることも、成績が上がるといった認知能力の向上につながります。

Q Question

非認知能力には具体的にどんな力がありますか？

#自分と向き合う力　#自分を高める力　#他者とつながる力

　非認知能力は、あくまで数値化できないさまざまな力の総称です。そのため、「非認知能力が高い」と表現しがちですが、具体的に「〇〇〇力が高い」と示す必要があります。

部下や同僚の悩みを聞く

楽しそうに働いている

周りをその気にさせる

プライベートも大切にする

自らの成長を止めない

失敗をネガティブにとらえない

A Answer

「自分を高める力、自分と向き合う力、他者とつながる力」の３つに大きく分類できる

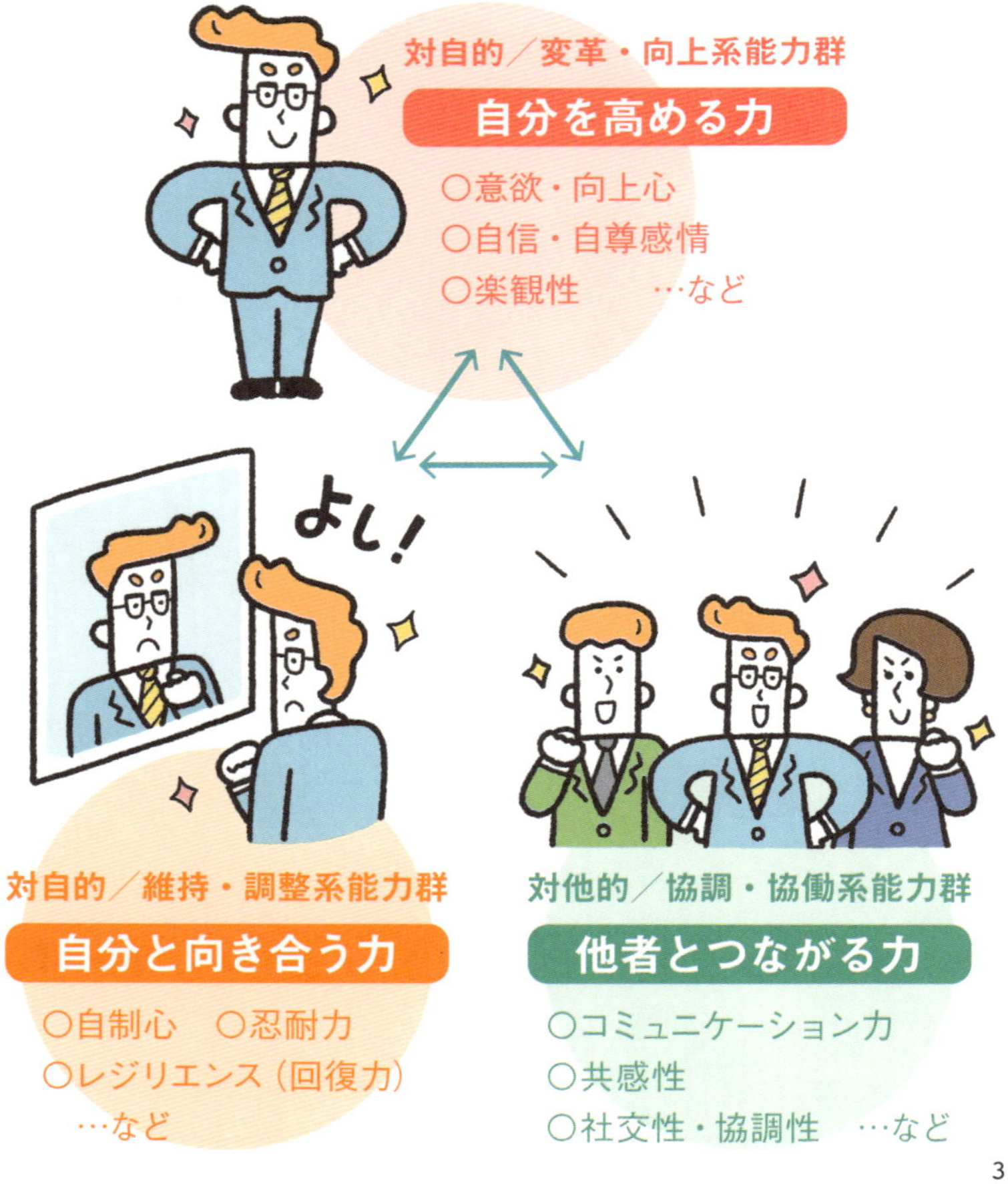

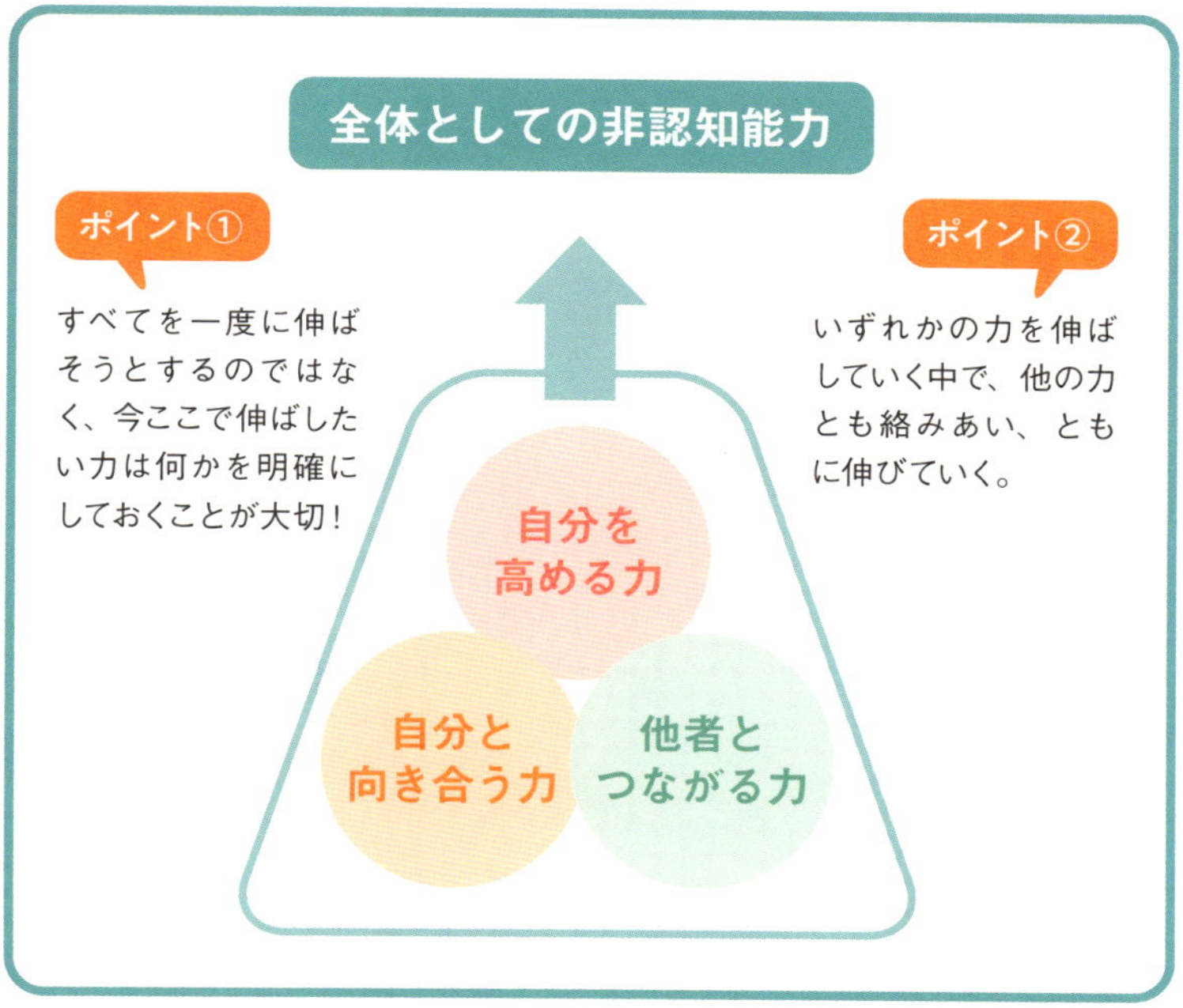

つながりをもつ3つの能力群

非認知能力は、自分の内面にかかわる「対自的な力」と、他者とかかわる「対他的な力」の2つに大きく分けたうえで、**「自分を高める力」「自分と向き合う力」「他者とつながる力」の3つに分類する**ことができます。

これらの3つの能力群は、気質や人格のように個人に深く根づいているものではなく、いずれも**意識することで変えられる・高められる力**です。

また、それぞれの力は、個別で獲得・向上に至ることはなく、多くの場合はいくつかの力と関連しながら獲得され、向上していきます。たとえば、自制心という「自分と向き合う力」があるからこそ、自分の我を出さずに他者と協調できる「他者とつながる力」を発揮できるように、それぞれの非認知能力はつながりをもっているのです。

「自分と向き合う力」「自分を高める力」「他者とつながる力」の解像度を上げる!

自分と向き合う力

喜怒哀楽の感情に流されない人。たとえ激しい感情が湧きあがっても「私は今、怒っているんだな」と客観的にとらえられる。また、つらいことにもグッと耐えられ、気分を上手に切り替えて自分をフラットな状態に戻すことができる。

- **周りに合わせられる**
- **困難なことに我慢強く挑む**
- **いつも安定して落ち着きがある**
- **計画通り忠実に忍耐強く行える**
- **気持ちの切り替えが上手**

自分を高める力

「私ならできる!」と自分の可能性を信じている人。困難やピンチの状況も「何とかなる」という楽観性をもち、何事にも「楽しそう!」「もっとやってみたい!」といきいきと取り組める。

- **ストレスが少ない**
- **困難があっても前向き**
- **積極的に取り組める**
- **いろいろなこと、新しいことに取り組める**

他者とつながる力

相手および仲間の気持ちを想像でき、そのときどきで周囲に合わせて人付き合いができる人。相手とのコミュニケーションでは、言葉だけでなく、表情や話し方などでも意思疎通をはかることができる。

- 他者との関係をうまく築ける
- 相手の立場や気持ちを考えるのが得意
- さまざまな交流をはかれる
- 意思疎通がとれ、チームで動ける

必要な力は人によって異なる

これらの非認知能力は、「すべてを身につけなくてはいけない」というものではありません。また、明らかにその人の基本特性（気質や人格など）に合わないものを、無理に向上させる必要もありません。「○○を成し遂げたい」という目標や、自分の置かれている状況に照らし合わせて、どの非認知能力が必要かを見極め、向上させていくことが大切です。

自分を高めるさんの場合

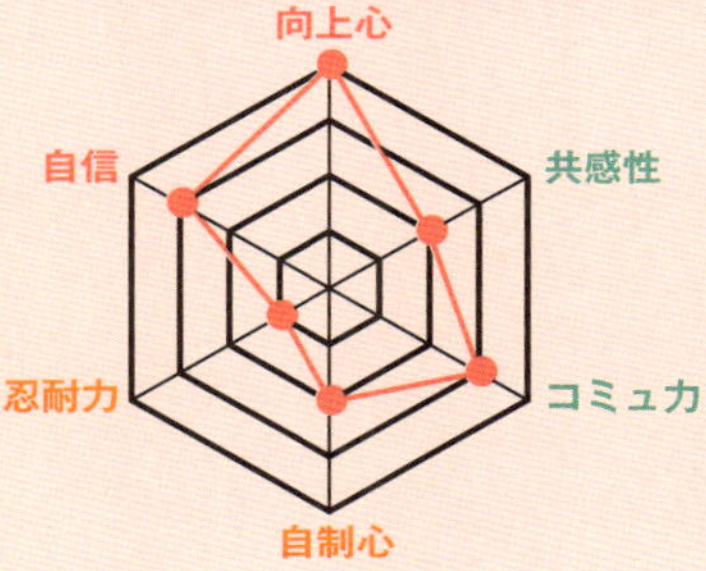

向上心、自信はすでに持ち合わせているがもっと伸ばしたいと思っている。忍耐力や自制心は低めだが、本人はあまり望んでいない。むしろ、他者とつながりたいと考えている。

Q Question

非認知能力は身につけば身につくほどよい？

#認知能力とは異なる　#自分に合った　#リフレーミング

生きるうえでも、仕事するうえでも役立つ非認知能力。ならば、その力は数も量もたくさん身につくほど、よりよく過ごすことにつながるものなのでしょうか？

想像してた反応
スゴイ!
どうしたらそんなに!
ホホホホ
やるわね!
実際は…
何でも聞いていいのに…
あれ?
う〜ん…
失礼します

A Answer

身について終わりではない。発揮の仕方次第でマイナスに

能力の高さより状況に合った発揮の仕方を

非認知能力は、その発揮の仕方でプラスにもマイナスにも働きます。

たとえば、非認知能力のひとつである「自信」を強く抱いている人がいるとしましょう。その人が、手間がかかりそうな新しい仕事に対し、「自分はできる自信がある！」と率先して取り組んだとしたら、「自信があって、実力もあるんだなぁ」「堂々としていて

3つのグループ	プラスの面	マイナスの面
対自的 維持・調整系能力群 • **自分と向き合う力** 自制心 忍耐力 レジリエンス（回復力） …など	・気持ちがいつも安定していて、表情や態度に落ち着きがある。 ・計画に忠実で規則正しく、忍耐強さや注意深さがある。 ・気持ちがへこんでも、すぐに切り替えて再び取り組める。	・周囲に自分の感情の変化が理解されにくい。 ・想定外の突然の出来事に弱く、臨機応変な対応が苦手。 ・メンタル面のストレスを感じやすく、抱え込んでしまう。
対自的 変革・向上系能力群 • **自分を高める力** 意欲・向上心 自信・自尊感情 楽観性 …など	・新しいものに好んで飛びつく。 ・困難に直面しても、自分の可能性を信じられる。 ・いろいろなことに取り組む中で楽しみを感じられる。	・新しいものに目移りし、ひとつのことを長く続けられない。 ・無謀な挑戦をしがち。リスクの想定や計画的な取り組みが苦手。 ・楽しみが独りよがりになり、周囲から浮いてしまう。
対他的 協調・協働系能力群 • **他者とつながる力** コミュニケーション力 共感性 社交性・協調性 …など	・他者との意思疎通がとりやすく、発信・受信がスムーズ。 ・他者の気持ちをその背景を含めて想像、理解できる。 ・人当たりのよさでたくさんの人と親しくなれる。	・自分と相手との共通点を押しつけてしまいがち。 ・相手に心を砕きすぎて、精神的に疲れてしまう。 ・他者との衝突を避けるため、自分の主張が少ない。

魅力的」などと、まわりからよい評価を得られるはずです。しかし、場面を選ばずにいつも自信たっぷりの態度をとっていたら、「自信家で鼻につくなぁ」などと、マイナスの評価をされてしまうこともあります。

このように、**非認知能力は、認知能力のように「能力は高いほどいい」といったものではなく**、タイミングや状況に合ったアウトプットを行い、周囲や自分が心地よくいられるかも重要なのです。

Q Question

非認知能力は何歳からでも伸びますか？

#大人でも伸びる　#伸ばしやすい力　#伸ばしにくい力

私たちは、生まれてから各年齢、年代にあったさまざまな力を身につけてきました。「非認知能力」は、私たち大人であっても身につけたり、何歳からでも伸ばしたりすることができる力なのでしょうか？

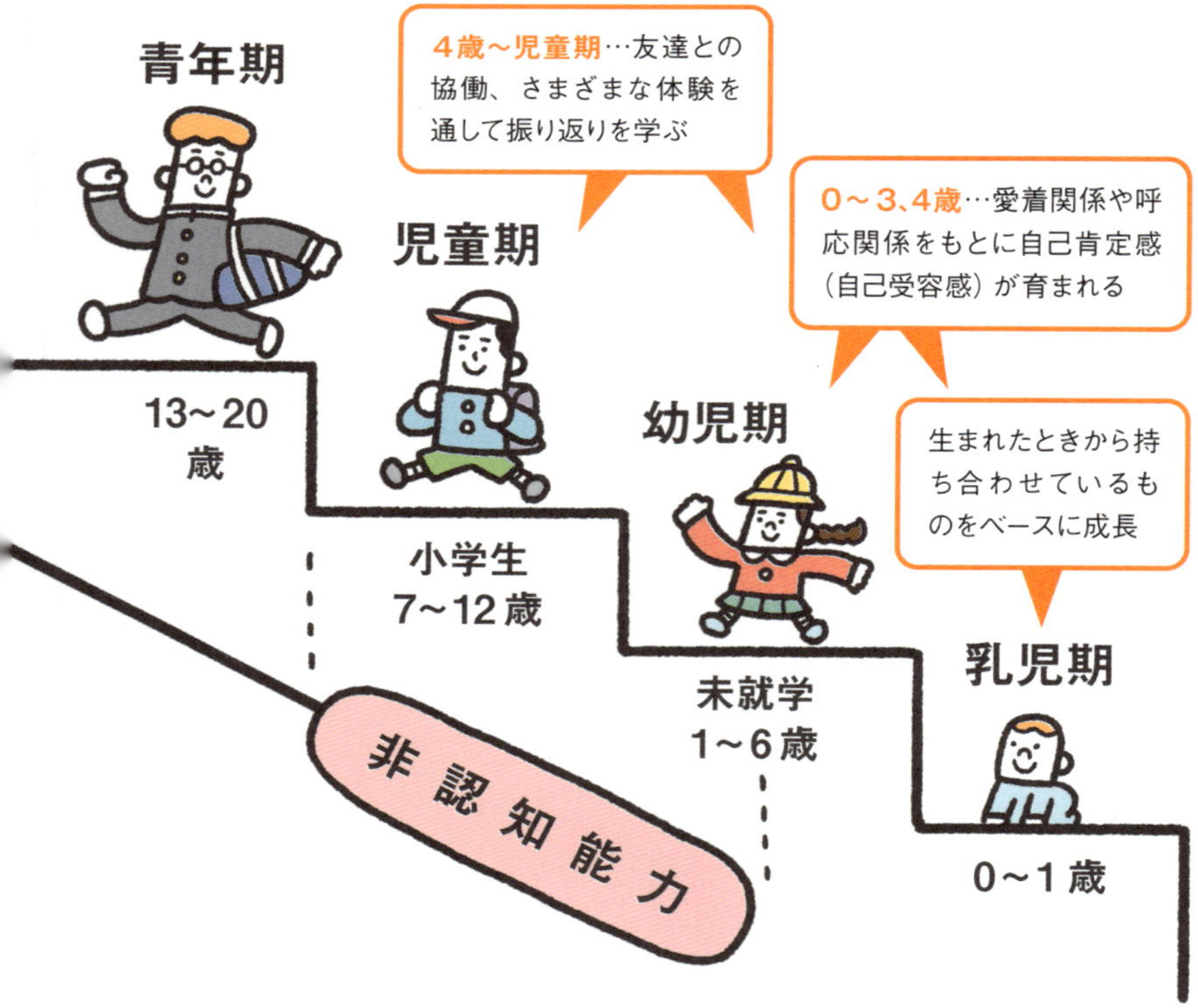

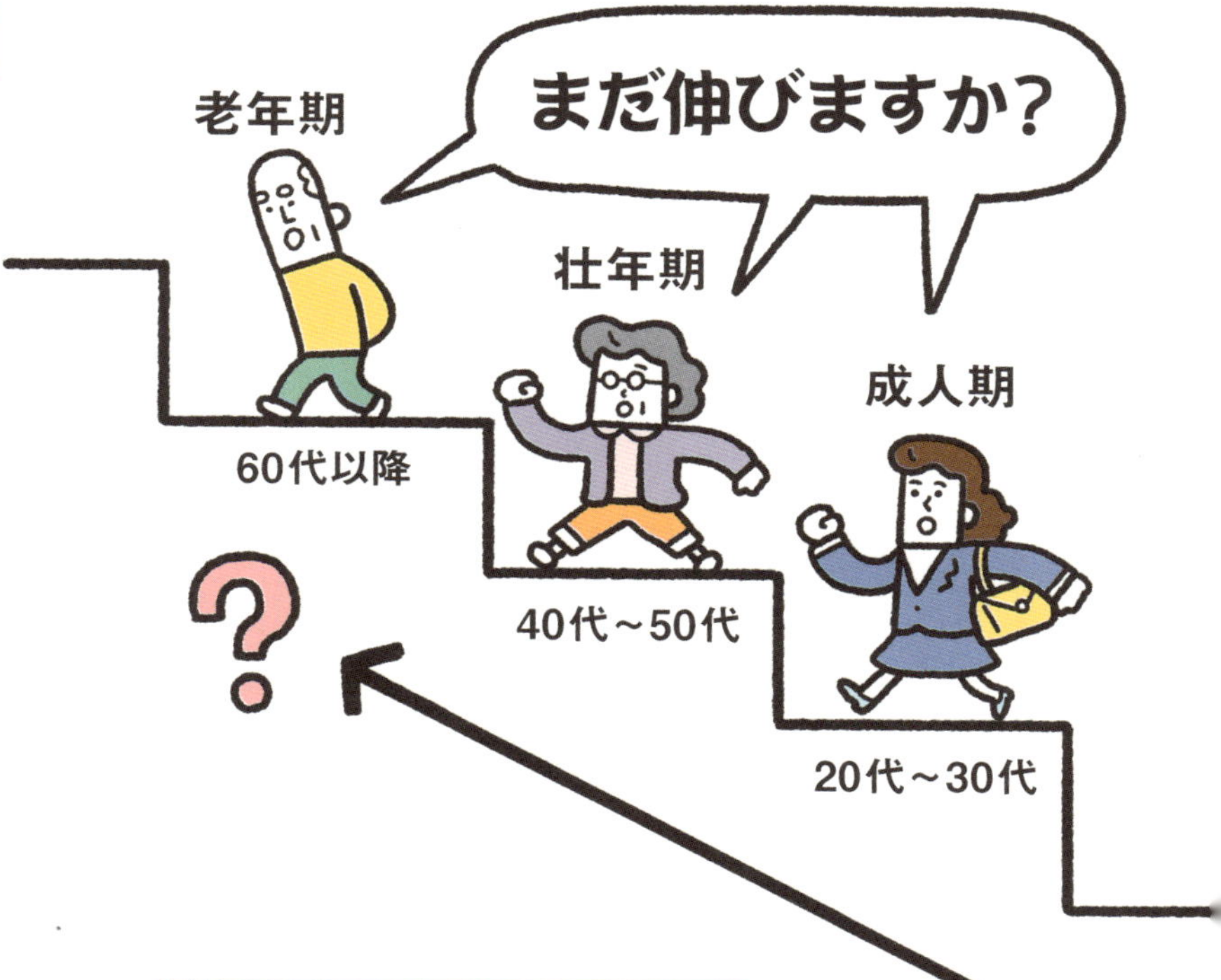

●自己肯定感（自己受容感）

ありのままの自分を受け入れ、他人と比べることなく、「このままの私でいいのだ」「私には価値がある」と自らを受け入れて肯定する感覚のことです。自己肯定感があると、まわりからの評価に揺らぐことのない「自分の価値」を確立することができます。また、自己肯定感は、あらゆる非認知能力の土台となるもので、幸福感や人生の豊かさに大きく影響すると考えられています。

A Answer

大人には伸ばしやすい力と伸ばしにくい力がある

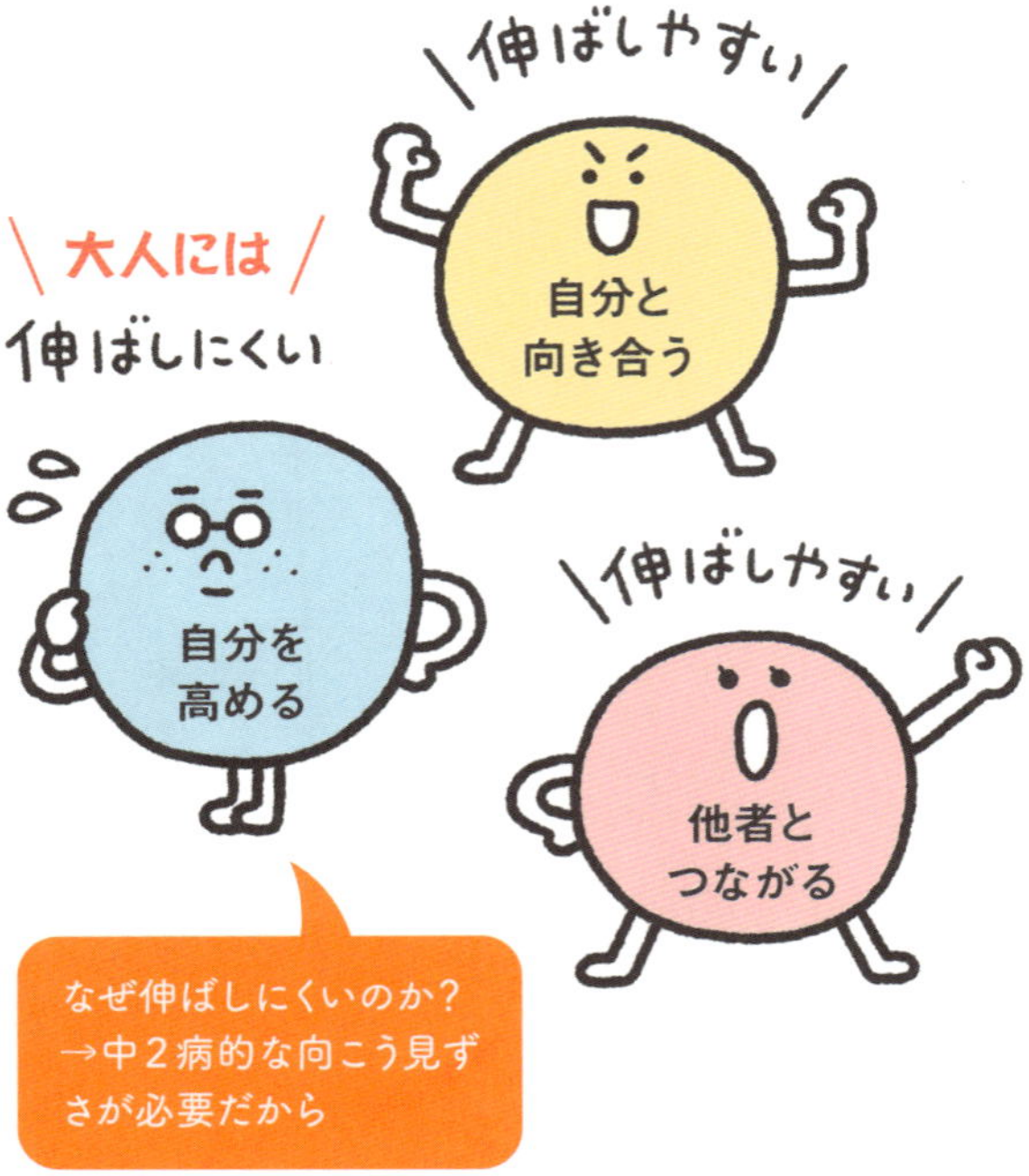

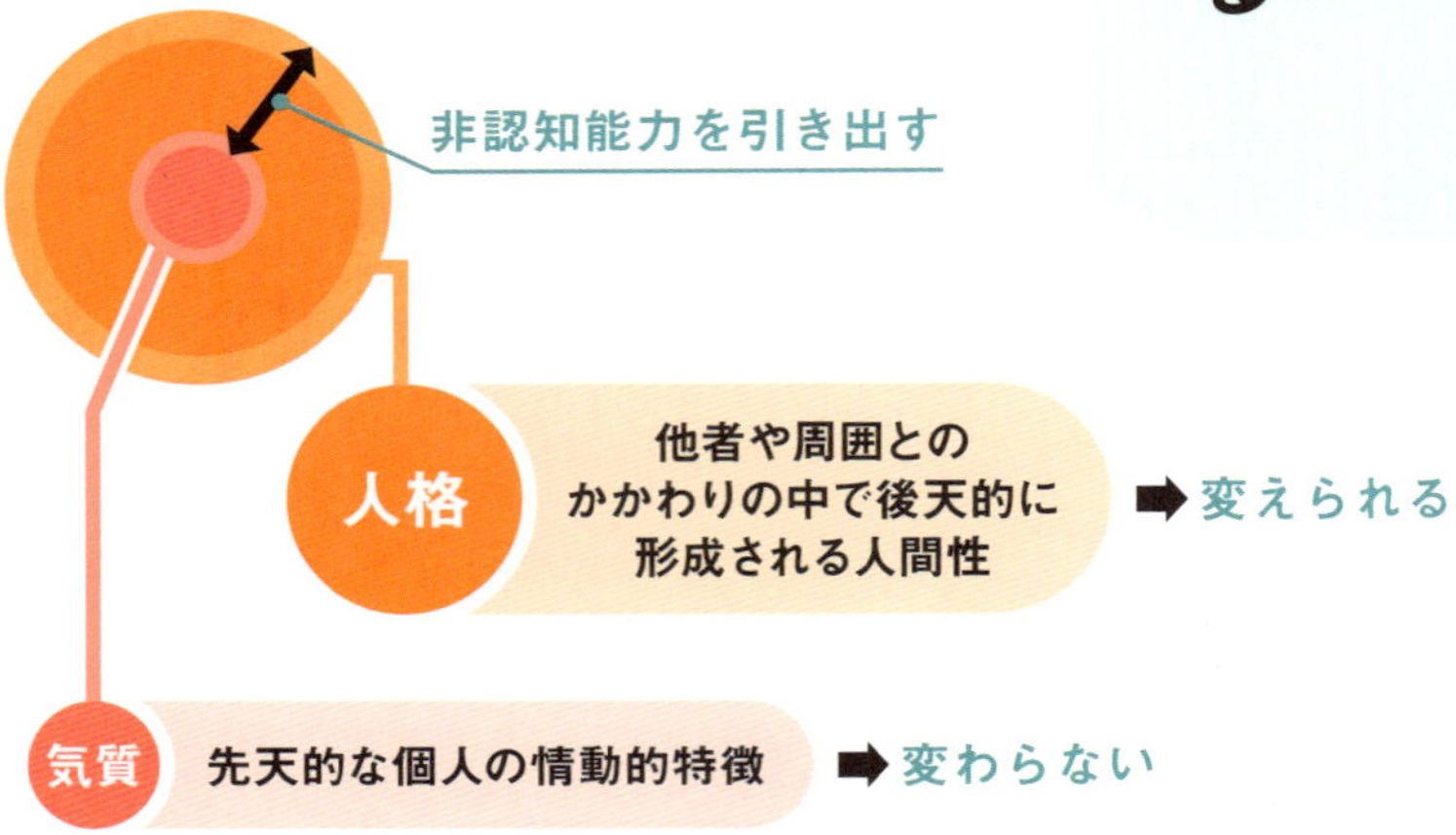

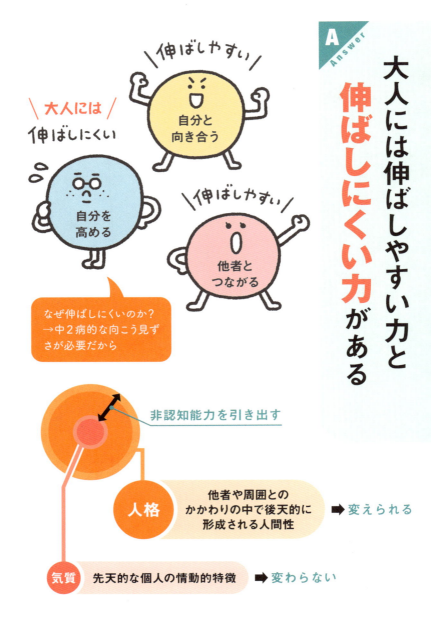

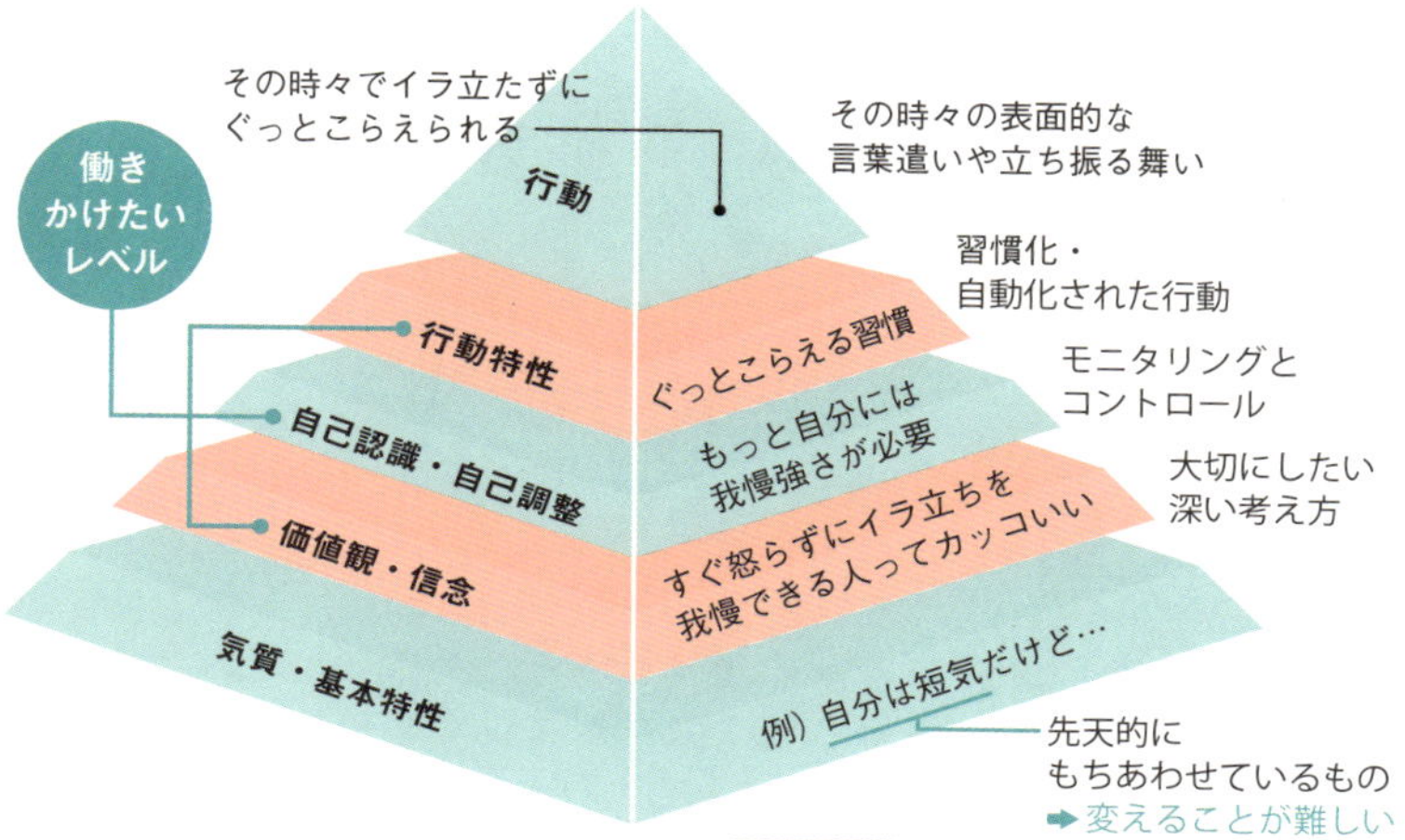

伸ばす方法はP.51〜Chapter2へ

新しいことを取り入れれば何歳になっても成長できる

非認知能力は大人になっても向上させることができます。とくに3つの能力群（P.36〜39参照）のなかでも、**「自分と向き合う力」と「他者とつながる力」は、意識して行動に移すことで、向上させやすい力でもあります**。

人間は年齢を重ねるごとに、これまでの経験や自分の考えに固執しやすくなります。そこで、**あえて未経験の方法や考えを柔軟に取り入れ、自分の新しい一面を見つけるようにしてみましょう**。通勤経路を変えてみるとか、敬遠していたタイプの人と話してみるなど、ちょっとしたことから「新しいこと」を取り入れてみる——それこそが、「人生100年時代」において、いくつになっても成長し続けるには欠かせないことなのです。

自分に必要な&自分に合った非認知能力を身につけよう

非認知能力の「知識」が身についただけでは、なにも変わりません。次のChapter2～5では、実際に非認知能力を身につけ、伸ばしていく方法を順番に紹介します。すでにできている項目は飛ばしても大丈夫。見事に非認知能力が身についたら、応用となる「相手の非認知能力を伸ばす」ことに挑戦しましょう。

Chapter 6 応用編

相手の非認知能力を伸ばそう

GOAL

Chapter 5

行動を習慣化しよう

Chapter 4

メタ認知（自己認識・自己調整）しよう

column
2

数値化できない非認知能力。無理に数値化してもよいですか？

絶対的な「正解」や「満点」が存在しない非認知能力は、残念ながら客観的に数値化して評価することができません。無理に数値化したとして、「『自制心』で100点満点を目指すぞ！」と考えても、意見を自由に言い合うべき会議では、自制心を100点にしたら自由に発言がしにくくなるので、あまり意味のないことといえます。

ただし、あなた自身が「今日の自分の忍耐力は50点ぐらいかな」と、主観的に数値化することは可能です。これは、「100点満点で○点」といった絶対的な評価ではなく、「これまでの自分よりも、どのくらいよくなっていたか」で評価するものです。非認知能力は自己成長を導く能力ですので、「今日はがんばれたから、5段階ぐらい上がったな」などと、自分の気持ちを高める意味で評価してみてもいいかもしれませんね。

一方で、非認知能力がうまく伸びないと、自己評価もしにくくなるでしょうが、そんなときに「まぁいいか」「そのうちきっと伸びる！」と思える楽観性や柔軟性も非認知能力のひとつです。ならば、常に「どんなときでも、自分は5億点満点！」ぐらいの気持ちでいるほうが、非認知能力が伸びやすいといえるかもしれません。

Chapter

2

まずは自分を知ろう

非認知能力を身につけるために行うSTEP 1が「自分を知ること」。自分にはどんな非認知能力が必要なのか、なにが足りないのかなど、まずは自分がどんな人間かを知ることから始めましょう。

Q Question

自分を知るってどういうこと？

＃気質　＃人格　＃基本特性

「自分のことは、自分が一番よく知っている」とはよく聞くフレーズですが、本当でしょうか。非認知能力を身につけようとするとき、まずはここが曖昧だと前に進めません。生まれながらにもっているもの、成長していく過程で得たものなど、自分自身と向き合い、人生の棚卸しをしながら整理していきましょう。

ポイント①

生まれながらの気質とは？

たとえば、驚くような出来事があったときに、大騒ぎするのか、黙りこくるのか、泣き出すのかは、個人によって異なります。これは、人が生まれながらにもつ性質である「気質」がベースにあります。「自分」のひとつである気質は、遺伝や脳の働きなどによって決まっているため、生涯変わることはありません。

頑張ったこと

生まれながらのもの
憧れの人

ポイント②

気質と人格の関係

生まれもった気質が、まわりの環境やさまざまな経験から影響を受けて変化すると、「人格」という形の「自分」が生み出されます。たとえば活発な気質の子を、「静かにしろ」と抑えつけて育てると、あまり活発ではない人格になるなど、人格は気質をもとにしながらも、異なるものとして形成されます。

成長した環境

A Answer

自分の気質・基本特性を知るということ

思考や行動の傾向をつかみ、伸ばすべき力を見つける

「自分を知る」とは、簡単にいうと**「自分の感情や思考、行動の傾向を知る」**ことです。その傾向をつかむには、私たち自身の**「気質」**や**「基本特性」**を知る必要があります。

「気質」は、人が生まれながらにもつ、感じ方や行動の性質のことです。先天的なもので、遺伝の影響も強くでますが、成長の過程でまわりの人や教育、経験などの影響を

気質・基本特性とは

生まれたばかりの赤ちゃんにも「泣きやすい」「よく動く」などの特徴があります。これが生まれながらの「気質」です。この気質をベースにして、「人格」が形成されます。たとえば短気な気質の人が、成長・発達するなかで少々がまん強くなったりするのが、人格の形成です。また、ものごとに対する快・不快や、とらえ方の違いなどにかかわる「基本特性」は、気質と同様に生まれつきのものです。これらが私たちの感情や思考、行動の傾向を生み出すものであり、非認知能力を伸ばすための基盤になります。

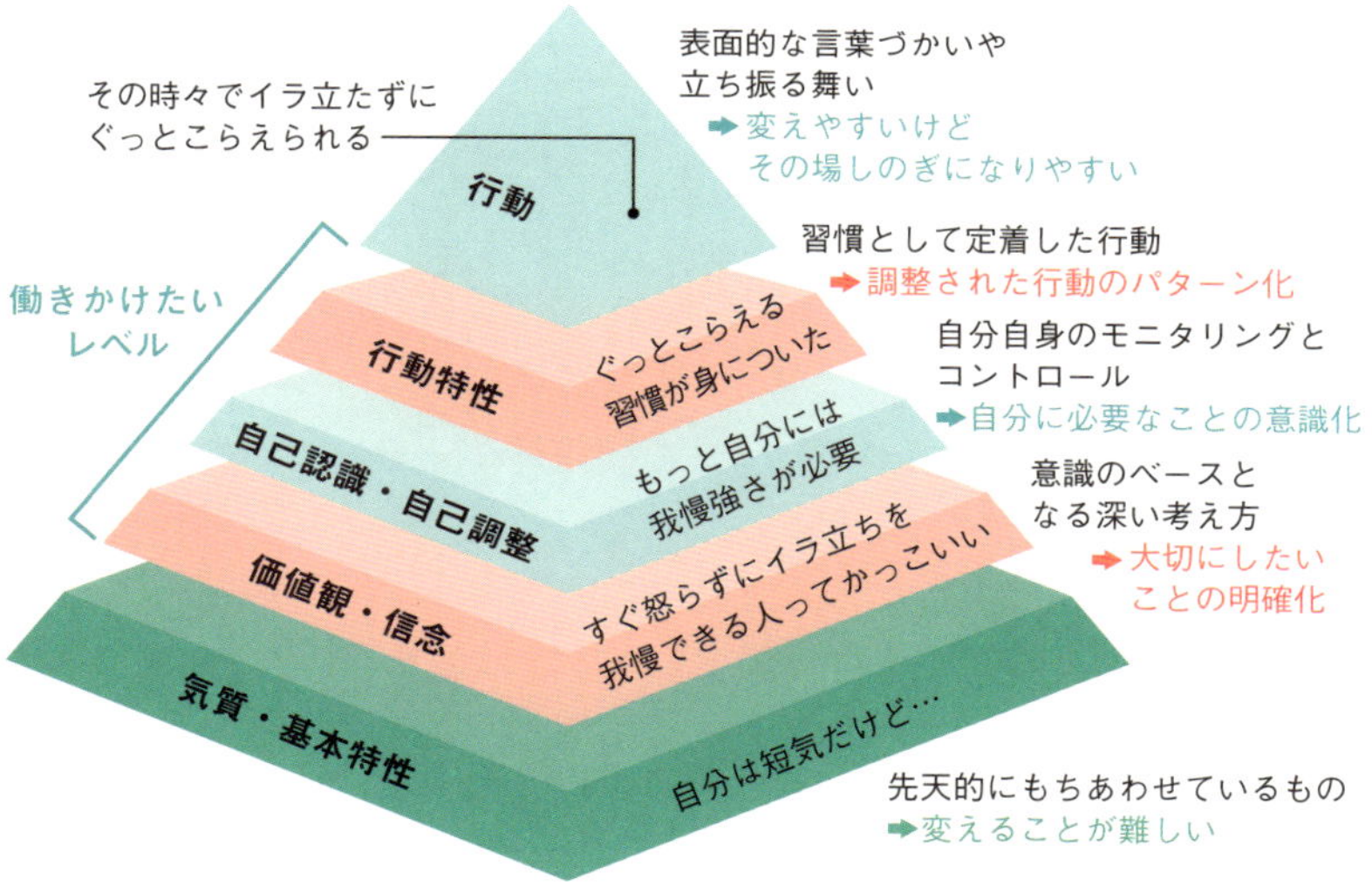

受けると、少しずつ思考や行動のパターンが変化し、気質とは異なる「人格」が形成されます。

また、気質と同様に、生まれながらに備わった「ものごとのとらえ方・見え方」に関連する性質が「基本特性」です。気質・基本特性には、個人の感情や思考、行動の傾向がはっきりと表れます。

まずは、これら「自分を知る」ことで初めて、自分に向いていることや伸ばすべき能力を正しく把握することができるのです。

Q Question

どうやって自分のことを知る？

#自己分析　#座右の銘　#格言

方法①

自問自答する？

自分が無自覚で生み出している感情や思考、行動について、「どうしてそんなことをしたんだろう？」と自問自答してみましょう。具体的なエピソードを思い出しながら、「それをしたことでどうなったか」「どんな気分になったか」「身体にはどんな反応があったか」などと考えることで、自分の感情・思考・行動の傾向を客観的にとらえることができます。

方法②

好きな言葉を探る？

「努力は嘘をつかない」「ピンチは最大のチャンス」など、自分の好きな言葉をいくつか挙げ、なぜその言葉が好きなのかを考えてみましょう。「努力して褒められたことがあったから」「ピンチを乗り越えるのって、何だかカッコいいから」など、そんな理由のなかに、あなたが大切にしている価値観や経験が含まれているはずです。

方法③

他人に聞く？

自分のことは、意外と自分ではわからないものです。そこで、まわりの人に「私はどんな人間か」を尋ねてみましょう。その際には、相手の答えがあなた自身を指しているとは考えずに、あえて他人事のように「○○さん（自分）の話」として耳を傾けてみることで、自分では気づけなかった「自分の一面」を見つけることができます。

方法④

これまでの人生を振り返る？

現在までの人生を振り返ってみましょう。ただし、「こんな出来事があった」と、単純に振り返るだけにとどまらず、「そのときにどう感じたのか」「なぜそんな行動をしたのか」と、感情や思考、行動の様子までも思い出してみましょう。そこから、「つらいときにはがまんしてしまう」といった、感情・思考・行動の傾向をつかむことができます。

A Answer①

自己分析ツールやチェックシートで導き出す

ふだんの感情・思考・行動から その傾向をつかむ

自分を知る、つまり自分の感情や思考、行動の傾向をつかむには、日常における**感情・思考・行動**を目に見える形で整理し、確認することが必要です。

左ページの一覧は、ふだん何気なく感じたり、思考・行動したりしていることを「価値観・信念領域」と「行動・経験領域」に分け、どのような傾向があるかをチェックできるものです。まずはそれぞれの①〜⑨で、当てはまるものをチェックしてみましょう。

左ページのチェックシートは両者とも❶〜❸は自分自身について、❹〜❻は他者との付き合いについて、そして❼〜❾はお金やルールといった「もの」「こと」についての、自分の傾向を知ることができます。

価値観・信念 領域を知る

① 今の自分は、十分に価値のある存在だと思いますか？

② 何か間違いがあったとき、その間違いは自分の責任だと思いますか？

③ 自分は今よりも、もっと成長できると思いますか？

④ 一人でいるよりも、まわりの人たちと一緒にいたいと思いますか？

⑤ 自分をまわりの人たちと合わせる方が楽だと思いますか？

⑥ まわりの人たちのことを、自分以上に大切にしたいと思いますか？

⑦ 自分の命の次ぐらいにお金は価値があると思いますか？

⑧ 世の中のルールや仕組みよりも自分の判断の方が大切だと思いますか？

⑨ 次々と新しいものを手に入れたいと思いますか？

行動・経験 領域を知る

① 自分自身の長所や強みを、自分なりに理解してきましたか？

② ミスしても落ち込まずに改善策を考え、取り組んできましたか？

③ 自分のためになることなら、積極的にチャレンジしてきましたか？

④ 何かに取り組むとき、まわりの人たちと協力してきましたか？

⑤ 自分の主張よりも、まわりの人たちの意見を優先してきましたか？

⑥ 自分の困りごとよりも、まわりの人の困りごとを解決してきましたか？

⑦ お金とやりがいならお金の方を優先的に選んできましたか？

⑧ ほかの人が見ていなかったとしてもルールは必ず守ってきましたか？

⑨ 新しい商品がリリースされると、調べたり購入したりしてきましたか？

A Answer②

座右の銘や格言から自分を知る

座右の銘・格言

継続は力なり → **自分と向き合う力**

この座右の銘にある「継続」は、非認知能力における「自分と向き合う力」である、持続力や忍耐力にあたるものです。つまり、この座右の銘を好む人は、「何事もコツコツ努力できる」「困難に直面しても、がんばり続ける」といったことを重視する傾向にあったり、またはそういった力を強く求める傾向があったりするといえます。

「重視していること」が座右の銘には表れる

自分の感情・思考・行動の傾向は、**「座右の銘」**からも知ることができます。たとえば、**「継続は力なり」**ならば、「コツコツがんばることを重視する」「持続力を活かした行動をとりやすい」といった傾向が見てとれます。また、座右の銘の多くは、**非認知能力の3つの分類**（P.36～39参照）のいずれかに当てはまるため、「どんな非認知能力を身につけるべきか」「自分に足りない非認知能力は何か」を知るきっかけにもなります。

座右の銘・格言

ケ・セラセラ

→ 自分を高める力

フランス語で「なるようになる」という意味で、非認知能力の３つの分類のなかでは「自分を高める力」に近いものです。「なんとかなるさ」と思える楽観性や、難しいことにも挑めるチャレンジ精神をもっているなど、今の自分に飽き足らず、さらに高みを目指そうとする傾向をもつ人が選びやすい座右の銘といえます。

座右の銘・格言

一期一会

→ 他者とつながる力

「一生に一度きりの出会いを大切にする」という意味の「一期一会」。これは、自分一人だけでなく、相手がいてこそ成立するものです。つまり、「一期一会」を座右の銘に選ぶ人は、まわりの人と協力し合ったり、意思疎通の大切さを重視したりといった傾向があるといえます。そしてこれらの傾向は、非認知能力における「他者とつながる力」にかかわっています。

Q Question

自分を知らずに過ごしているとどうなる？

＃停滞　＃自己満足　＃自分の傾向を知る　＃自己成長

現状に満足した状態で、ただ「指示を待ち、その通りに動く」ことはラクですが、人生やキャリアにおいて限界を感じることがあるかもしれません……。

自分を知ることで「成長」ができる

自分を知らない――つまり、自分の感情・思考・行動の傾向を知らないままでいると、その傾向に合わないような職業に就いてしまったり、人間関係で悩んでしまったりと、社会生活に問題が生じやすくなります。

また、必要なスキルを身につけたり、新しいことにチャレンジしたりといった「自己成長」が難しくなります。

自己成長していく際に

A Answer

本当の意味での自己成長につながらない

自分を知ることができている人は、今の自分はどういう状態なのか、何が足りないか、何を伸ばせばいいかがわかっているため、成長につながる行動を起こすことができます。

一方、自分を知らないまま過ごしていると、周囲から取り残されてしまうことも……。

は、「長く仕事を続けたいから、飽きっぽい性格を変えよう」「自分に欠けている部分を補おう」といったように、自らの弱点や課題を自力で見つけ、改善していかなくてはなりません。

そのためには、成長というゴールに向けての基盤となる**「今の自分の傾向・状態」を把握することが、成長までの道のり（過程）を考えるうえでも欠かせないのです。**

このスタート地点を知ることこそが、「自分を知る」ことといえます。

Q Question

自分を知るためには何が必要ですか？

#言語化　#自分の傾向　#解像度を上げる

ポイント①

具体的に説明しよう

自分の傾向を、エピソードを交えて具体的に説明してみましょう。 たとえば、自分の気質を「繊細だ」と把握しているならば、「窓ガラスが汚れていると気になってしまう」などと具体的にイメージすると、「細かい点やミスにも気づきやすそうだから、精密な仕事をするといいかもしれない」と、向いている仕事を見つけやすくなったり、自分の個性を活かせる職場を探しやすくなったりします。

ポイント②

わかりやすい言葉にしよう

自分の傾向を、「サバサバしている」「陽キャ」など、**あいまいな言葉で表現せず、わかりやすい言葉に言い換えてみましょう。**たとえば、「サバサバしている」であれば、「人付き合いでは、相手の事情に深入りせずに話ができる」といったように、だれにでもわかりやすい言葉で表現するようにすれば、自分の強みをはっきりと意識することができ、ほかの人にも的確に伝えることができるようになります。

A Answer

感覚的・抽象的なものを言語化（具体化）する力

「メンタル強め」の解像度を上げる

前職では厳しい納期やトラブルなど、問題が発生したときにこそ、感情的にならず、冷静に対応するよう心がけていました。ストレスのかかる場面でも、「今なにがやれるのか」「次はどうしたらいいか？」などとポジティブに考えられるタイプです。

準備や積極的に質問するなどの行動で示さないとやる気がないって思われてしまうんですね。ぼくは、呼ばれたらすぐ返事をする、相手の発言に大きくうなずくなどで示しているつもりでした。

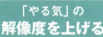

Bさんは資料作りなどちょっと準備不足なところがありますね。客観的に見ると、そういう点が「やりたくない」姿に見えると思うんだよ。

「やる気」の解像度を上げる

自分の傾向について「解像度」を上げる

「私の特徴は元気であることだ」と思ったとしても、本当の意味での「自分を知る」ことにはなりません。**「どんなときに」「だれに」「どのように」**元気なのかをつかむことで、自分の傾向についての**「解像度」を上げる**ようにしましょう。そのためには、自分の傾向にまつわる具体的なエピソードを思い浮かべながら、詳しく**言語化**することが大切です。たとえば、「元気」という自分のエピソードに、「暑い日でも元気を出して営

解像度を上げるとは？

あいまいで抽象的な情報を具体的にして、情報の密度や質を上げることです。たとえば、「果物」という言葉からは、どんな果物をイメージするかは人それぞれですが、「りんご」であれば、多くの人が赤く丸いりんごをはっきりと思い浮かべることができます。さらに「赤くて丸いが、上の部分が少し黄色く、虫食いがひとつあるりんご」といわれると、より具体的なイメージがしやすくなります。これが「解像度を上げる」ということです。

解像度の上げ方
～具体的なエピソードを探る～

具体化① 困ったときはいつでも助けてくれる。

具体化② 朝早く出社。共有スペースの掃除をしている。

具体化③ 飲み会で気遣いながらも盛り上げてくれる。

業先を回った」と言語化したとしましょう。すると、ここでいう「元気」が、「暑い日でもがんばれる忍耐力」であることがわかります。また、「部活動でみんなを元気よく励ましていた」と言語化できたら、ここでの「元気」が「みんなを励ますことができるコミュニケーション力」だとわかります。

　このように、**あいまいで抽象的な自分のイメージをより詳しい内容に言語化すること**で、「自分がどんな人間か」「自分はどんなことに向いているか」が明確にわかるようになります。

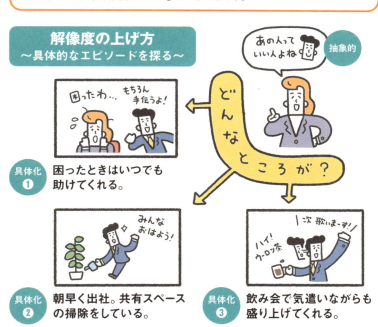

言語化する力を鍛える3つの方法

ふだんの感情や思考、行動を言葉にしてとらえることで、自分を客観的な目で見つめなおすことができ、感情・思考・行動の傾向を知ることができます。メモや日記に文字で記してみたり、まわりの人に言葉で伝えてみたり……と、さまざまなやり方で「自分」を言語化する方法をご紹介します。

① メモをとる＆日記をつける

自分の毎日の感情や思考、行動を、メモや日記に書く習慣をつけてみましょう。

大きなエピソードでなくても、「皿洗いをいつもより早く終えられて、すっきりした」など、日常のちょっとしたエピソードを、そのときの感情や思ったこと、身体の反応などといっしょに書けば、「どんな出来事で、自分はよい思考・行動を生み出せるか」「自分が不快な感情になるのは、どんなときか」といった傾向を知ることができます。

② 他人に話す

自分の感情や思考、行動にまつわることを、まわりの人に話してみましょう。 その際、相手には、話し終わるまでは意見や反論などはしないようにお願いして、話を聞いてもらいます。すると、話しているうちに「私って意外とせっかちなんだな」などと思い当たることがあったり、相手から「それはこうなんじゃない?」などと意見をもらえたりするため、見えていなかった自分の一面に気づくことができます。

③ ChatGPT や Claude に話す

「自分を知りたい」と思い、だれかに話を聞いてもらおうとしても、相手が見つからなかったり、「話がうまくできないかもしれない」と悩んだりする場合には、**ChatGPT や Claude などの AI ツールと対話してみてもいいでしょう。** AI が適度に共感してくれるため、毎日の感情や思考、行動をすなおに振り返ることができます。共感や返事はもらえませんが、ぬいぐるみやペットを相手に、自分のことを話してみても OK です。

逆パターンで「行動」につなげる方法も

自分の傾向を言語化して具体的に把握するだけでなく、反対に具体的な内容を抽象化すると、「なりたい自分」になるための行動を生み出すことができます。

たとえば、「仕事や家事だけでなく、運動や趣味にも全力で取り組めるようになりたい」という具体的な内容をまとめると、「常に努力できる人間になる」という抽象的な言葉を導き出せます。

これが、「なりたい自分」になるための「行動指標」となり、毎日の生活のなかで「常に努力しよう」と思うことにつながります。「苦手な仕事にも取り組む」「エレベーターは使わないで階段を使う」といった行動を生み出せるようになるのです。

column 3

自分自身で伸ばす非認知能力。他人の目を気にすることはおかしいですか?

「他人の目」を気にしないでいることは、どんな人にもできません。大切なのは、「他人の目」に振り回されるのではなく、うまく活用することです。

たとえば、あなたが「コミュニケーション力を伸ばすために、どんな人にもあいさつをしよう」と考え、行動したとしましょう。すると、まわりの人が「うるさい」「媚びを売っている」などと言い出しました。そんなとき、あなたはどうしますか? ここで「あいさつをやめよう」と思うなら、「他人の目」に振り回されているだけです。

「他人の目」は、あくまで評価です。あなたを客観的に見て、「こんな感じだよ」と教えてくれるものです。「うるさい」は「あいさつの声が大きい」ということであり、「媚びを売っている」は「あなたのあいさつを気に入っている人がいる」という評価に過ぎません。ならば、その評価に従ってあいさつの声量を下げ、これまで以上に多くの人にあいさつを続けるべきといえます。

非認知能力は、自分自身で伸ばすべき力でありながら、他者とつながるために、社会で発揮する力でもあるのです。「他人からどう見られているか」を含めて伸ばしていくほうが、より社会で活かせる能力になります。

Chapter 3

価値観・信念をもとう

自分がどんな人間かわかったら、これまでの自分をつくりあげてきた自分軸を探ります。なにを大切にしてきたのか、なにを選んできたのか。価値観・信念の変化とともに注目しましょう。

Q Question

価値観・信念ってなに？

#気質　#自分軸　#人生の目標

ポイント①

気質とのかかわりは？

　価値観と信念は、Chapter２で説明した気質・基本特性を基礎にして形成されます。たとえば、気質がせっかちな人であれば、「すばやい行動が生活の基本」といった価値観・信念を抱きやすくなります。なお、気質・基本特性は変わりにくいものの、価値観・信念はまわりからの影響などによって変化しやすいのが特徴です。

さあ！
助かります…！
まだまだ遠いな〜

ポイント②

人生の目標にもつながる?

他者の意見や評価に惑わされていては、人生における「目標」を設定することはできません。「自分はこうなりたいけど、まわりからバカにされそう」などと考えることなく、「まわりが何と言おうとも、どんな自分でも価値がある」と考え、自信をもって目標設定をするためには、自分軸となる価値観・信念が必要なのです。

A Answer

「自分軸」をつくるために人生で身につけたもの

「自分軸」は生きるための礎

やりたいことがあるのに、他者の目を気にしてしまい、まわりに同調してしまう――そんなことはありませんか？ または、他者から押しつけられた評価だけで「私はダメな人間だ」などと思い込んではいないでしょうか。

まわりからどんな評価をさ

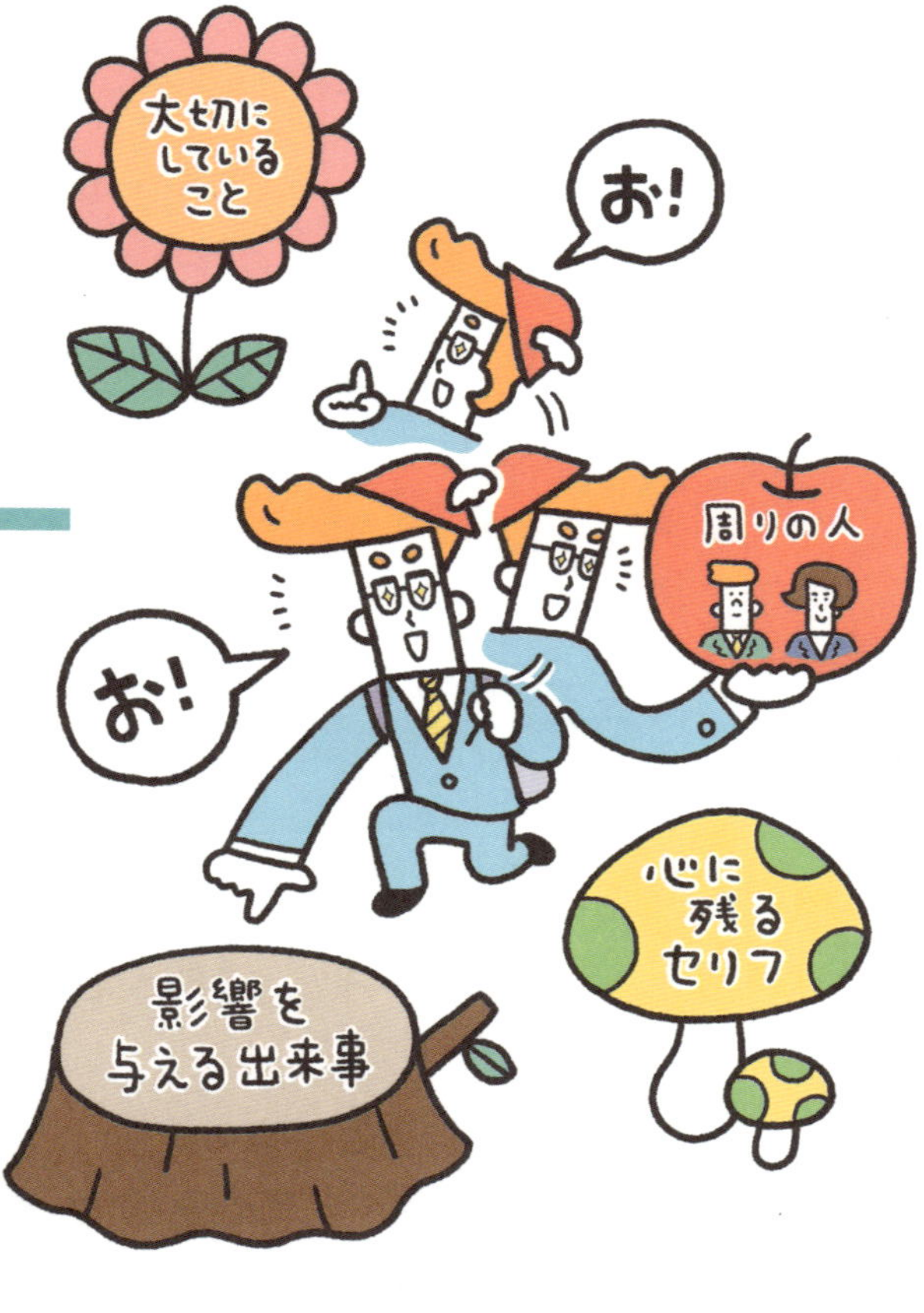

私たちは、これまでの人生でさまざまなものや人に出会い、経験を積み重ねてきました。そういったひとつひとつが、現在の自分自身をつくる「価値観」「信念」に影響を与えています。

れようとも、私たちは自分なりに、自分らしく生きるべき存在です。他者に惑わされず、**「自分はどうありたいか」と いう「自分軸」**で行動を選び、自分の決めた目標に向かって進んでいける力こそが、**非認知能力**といえます。そして、その力の基礎となるのが「価値観」と「信念」です。

「価値観」は、「どんなものに価値を感じるか」を表すもので、「こんな人になりたい」といった、生きているうえでの「目標」をつくるものでもあります。そして**「信念」**は、価値を決めるための基準となるものです。

GOAL
メタ認知
これから
学びたいもの
今できない
こと
私が
向かうのは
こっちだ!
自分軸

詳しくはP.94へ

身についた価値観・信念をもとに、「自分軸」をつくり上げていきます。これから出会う物事への判断基準としてはもちろん、人生の目標作成や自分自身のさらなるアップデートへと続いていくのです。

Q Question

価値観・信念と好き嫌いは違うもの？

#好き嫌い #倫理観 #人生観 #世界観 #生き方に影響

好き嫌いが人生の目標にかかわることも

自分軸の中には、「どんなものが好きで、どんなものが嫌いか」を判断基準にした**「好き嫌い」も含まれます。**

しかし、好き嫌いは「好きだからやってみよう」「嫌いだから避けよう」といった、その時々の判断基準にはなるものの、価値観・信念のように生き方に深くかかわることはありません。

ただし、好き嫌いが

A Answer

フェーズ（段階・レベル）が異なるものと考える

日常にあふれる好き嫌いの判断基準も、人間としての人生観・世界観に関わる判断基準も、フェーズが異なるだけですべて「価値観・信念」の一部です。また、価値観・信念はひとつである必要はなく、状況に応じて増やし、選択していくことができるのです。

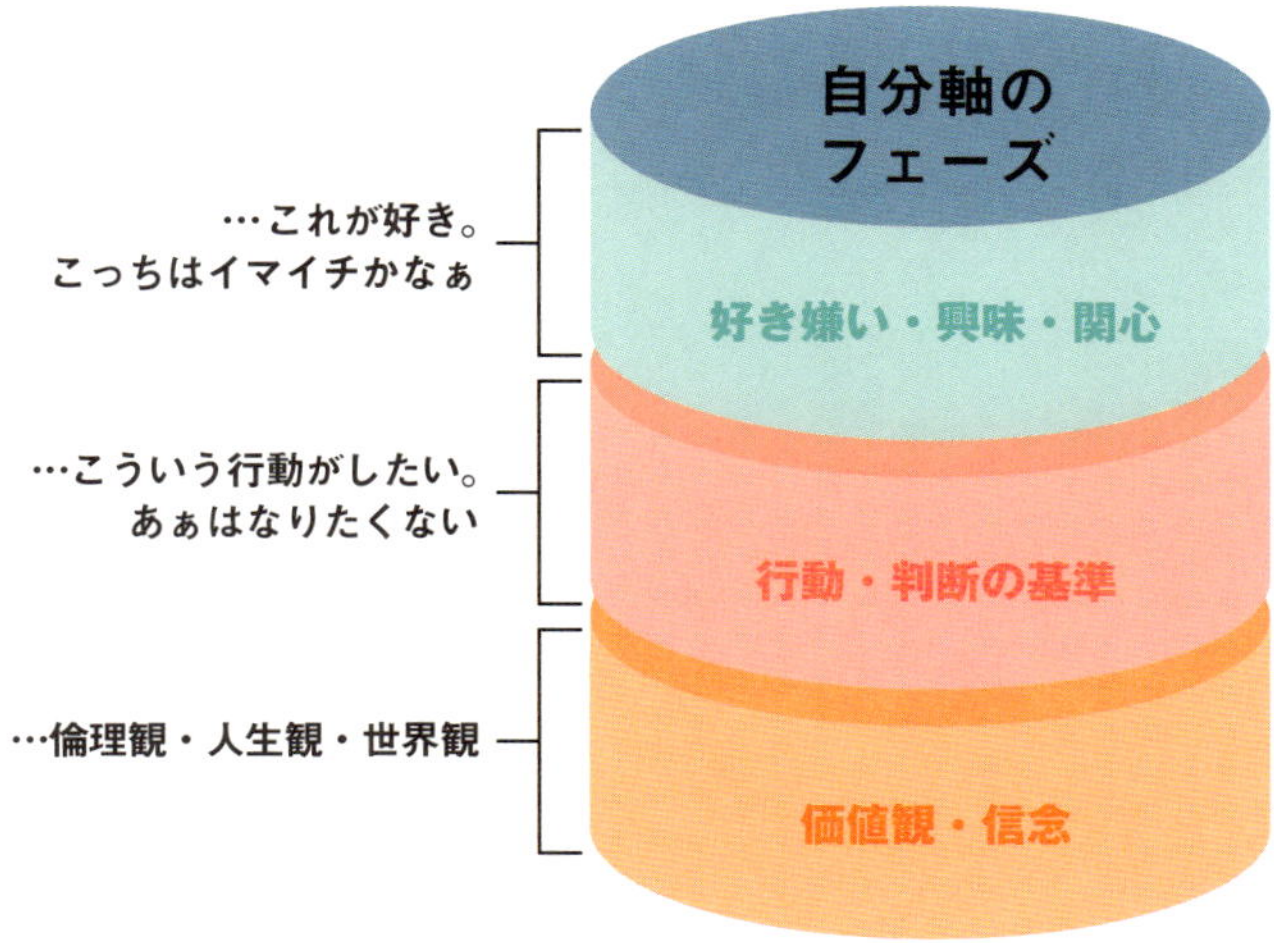

まったく生き方にかかわらないともいえないのです。フェーズが異なるととらえましょう。たとえば、「サッカーが好き」という好き嫌いから、「サッカー選手になる」という人生の目標が生み出されることもあります。

また、好き嫌いによってさまざまなものに興味をもてば、価値観・信念の変化が起きやすくなり、「この生き方だけじゃなく、あっちを選んでもアリだな」という柔軟な生き方ができるようにもなります。

Q Question

これまで身についた価値観・信念を知るには？

#やっぱり言語化　#自分史　#人生の棚卸し　#書いてみる

過去の価値観・信念をたどって今の自分を知ろう

価値観・信念は、さまざまな経験を通して生み出されています。同じ経験をしても、個人によって形成される価値観・信念は異なるのです。

あなたの価値観・信念や、それらの切り替わりのきっかけをつかむためにも、これまでの人生で、記憶に残っている経験や思いを書き出し、今の自分から見た感想を加えて、「自分史」をまとめてみましょう。ここでも言語化（P.66）がカギになります。

A Answer

言語化がカギに。自分史で振り返ろう

●記入例

	①当時の自分	②出来事やエピソード	③感じたことや考え	④経験を振り返って
幼少期	園では泣き虫。家でも兄にケンカで勝てない。	図鑑や本があれば何時間でも一人で過ごせた。	本の世界にずっと入っていたいと思っていた。	一人で過ごすのがとにかく好きだった。
小学生	野球と出会い、仲間と過ごすようになる。	5年生のときに練習中に骨折して試合に出られない日々。しかし、副キャプテンに選ばれた。	試合に出ていなくても、キャプテンをサポートして、チームをまとめることにやりがいを感じた。	チームをまとめるには、率先して声をかけるなど、コミュニケーションが大切と知る。
中学生	野球部に入るも、まわりのレベルについていけず挫折。退部する。	強豪校入学をめざし、練習も勉強もがんばる同級生の姿に圧倒された。	野球を続ける自信がなくなっていった。ただただ、野球と離れたかった。	野球と距離をおくことで、新しい何かを見つけるチャンスだった。
高校生	なんとか入れた志望校で、外国人教師による英語の授業が面白いと感じる。	地元の駅でばったり英語の先生に会ってから、校内でも親しく話すように。	授業やテストへの質問から、英語で会話すること自体を楽しみ始める。	この出会いから英語の成績が上がり、留学という選択肢が生まれた。
大学生	志望校に入学して浮かれる。すぐに長期留学することを考えた。	家族の病気により、留学実現が遠のく。塾講師のバイトを始める。	恵まれていた環境に気づく。今できることをやろうと勉強に励む。	短期留学で、ますます英語を使った仕事に携わりたいと決意する。
社会人20代	営業部の仕事が面白くなく、誘われた社内の草野球チームに入ってみる。	入社時から海外事業部希望を上司やまわりに伝え続けるも営業部に配属。	草野球で他の部署の人とかかわり、仕事のやりがいについて考えるように。	海外への憧れも含めて、今後の仕事や自分と向き合うきっかけができた。

●自分史の解説

幼いころから現在に至るまで、まずは①「その当時、自分はどんな人間だったか」を思い出し、書き出してみましょう。次に②「その当時の印象的な出来事」を書き出したら、その際に③「自分はどう思ったのか・どんな行動をとったのか」を具体的に思い出します。その時々の思考・行動を④「今の自分」の視点で振り返り、「ああいう行動をとったのは、友達を大切にしていたからだ」などと書きましょう。そこには、あなたの思考・行動を促すもの、つまり価値観・信念が潜んでいるはずです。

Q Question

会社の〇〇〇と価値観・信念が合わない

#企業理念　#価値観・信念のすり合わせ　#最適解を見出す

仕事とプライベートとの関係性

仕事との向き合い方によって異なります。仕事とプライベートを完全に分けている（分離型）、ほぼ一緒になっている（統合型）パターンがあり、分離型の場合は、会社と価値観・信念が合わなくてもプライベートでスパッと切り替えられ、そこまでストレスを感じにくくなります。

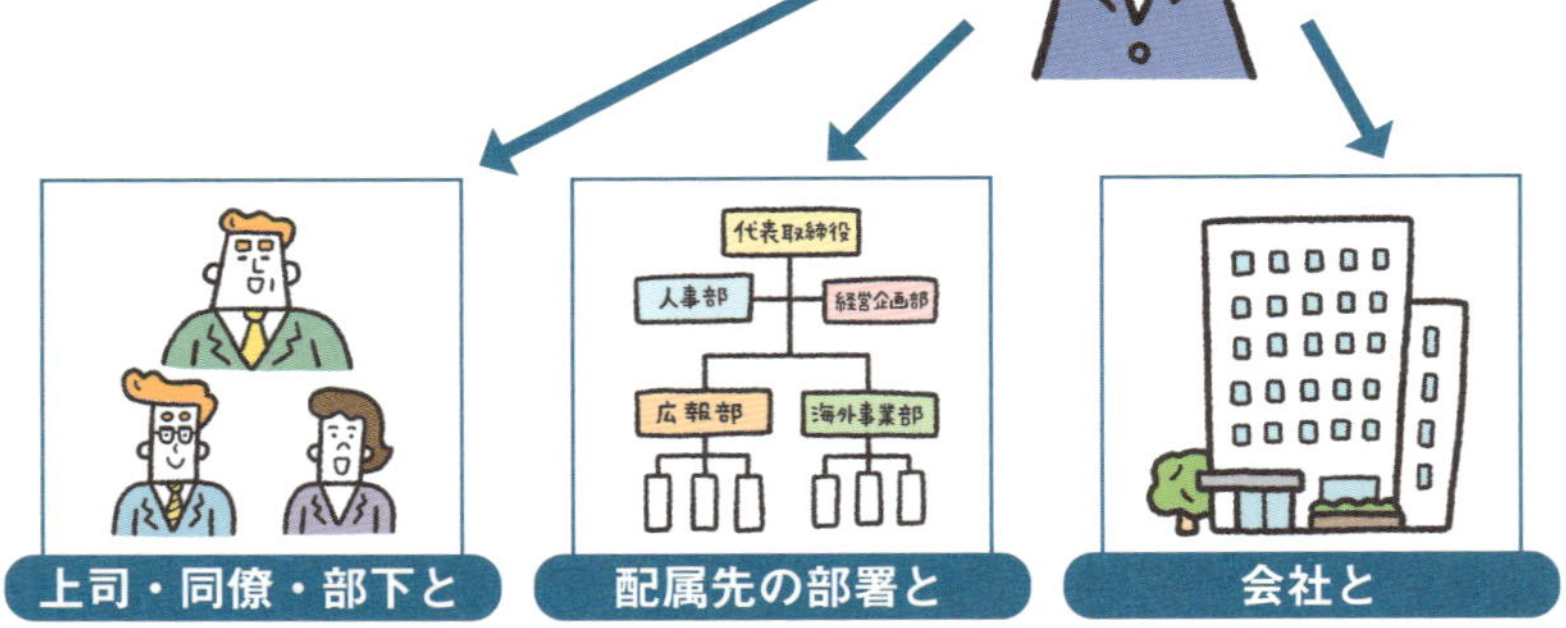

価値観をすり合わせ「最適解」を見つける

会社が自分の価値観に合わないと感じても、すぐに退職しようとしたり、がまんしながら勤務し続けたりするのではなく、行動を起こす前に**自分の価値観と会社の価値観をすり合わせ**てみましょう。

少なからずとも、企業理念を理解した上で入社したのであれば、どんなに「合わない」と思える会社にも、少しは合う部

A Answer

正解ではなく最適解を探そう

私たちは正解がない問題と常に向き合っています。特にこれからの時代は、正しいかどうかだけでなく、様々な状況に応じて、最も納得できることはなにかを見出すことが大切になっていきます。

分があるものです。ほかの社員と話したり、会社全体を見直したりして、自分の価値観に合いそうな部分を見つけましょう。もし、見つかったなら、異動希望や業務の変更を行うなどして、極力自分に合ったポジションに就けるように働きかけてみるのです。そして、そこで仕事をしているうちに、やりがいに気づけたり、仕事との付き合い方が変わったりすれば、やがてその会社での働き方の「**最適解**」を見つけられるようになります。

Q Question

価値観・信念は変わってもよい？

#古い価値観　#しがみつく　#ネガティブ　#アップデート

ポイント①

昔の価値観にしがみついてない？

「自分の価値観・信念は古くないはずだ」と思っていても、時代にまったく合わない価値観・信念を抱いている可能性があります。家族や友人、同僚など、まわりの人たちとの会話のなかから、自分の価値観・信念が古くなっていないか確認したり、今の時代における価値観・信念のあり方を探ってみたりしましょう。

ポイント②

価値観・信念が変わるのは悪いこと？

私たち日本人は、「変わらないこと」「ブレないこと」に重きを置く傾向がありますが、「変わること」は決して悪いことではありません。とくに、時代やまわりの状況に合わせて価値観・信念を変えることは、自分らしく生きるには欠かせないことであり、自分の新しい側面に気づくきっかけにもなります。

自らの意志と関係なく
価値観・信念が変わる瞬間

ビリビリ
ビリ
雷に打たれたような
インパクトのある経験
このままじゃ
ダメだ…
価値観・信念が変わる

A Answer

価値観・信念が変わる＝アップデートととらえる

柔軟に生きるには アップデートが必要

価値観・信念が変わることを「一貫性がない」などと、ネガティブにとらえられてしまうことがありますが、価値観・信念は**「変わるもの」**であり、**「変わるのが当たり前」**といえるものです。

さらに、既存の価値観・信念にしがみついていては、変化が激しいこれからの時代に適応できず、価値観・信念を必死に守り続けるだけの生き方になってしまうことでしょ

価値観・信念が変わるくらいのインパクト

自分で価値観・信念を変えたい、変えたくないにかかわらず、想像もしていなかったインパクトのある経験（たとえば、上記のような経験）から価値観・信念が一変してしまうことがあります。

う。つまり、**価値観・信念を変えることは、価値観・信念をアップデートさせること**であり、柔軟に生きるためには必要なことなのです。

また、自然災害による被災や、大きな病気などの経験から、価値観・信念を否応なく変えざるを得ないこともあります。これもまた、**まわりの状況に合わせて価値観・信念をアップデートさせること**であり、大変な状況のなかでも自分らしく生きるには欠かせないことなのです。

Q Question

価値観・信念を自分で変えるなら？

#インパクト　#変化　#新たな挑戦　#行動

ポイント①

自分自身の価値観・信念を自分で変えることができる？

価値観・信念は、自然災害や病気といった大きな出来事によって変わりやすいものですが、自分からアクションを起こすことでも変えることができます。「苦手だな」「できれば避けたい」と思うような、現在の価値観・信念では対処できないようなことにチャレンジしてみると、新しい価値観・信念を手に入れることができます。

＜現在＞

この3か月間に一体なにが？

ポイント②

価値観・信念はひとつじゃなきゃダメ？

価値観・信念をアップデートするからといって、すべてを新しいものに塗り替える必要はありません。価値観・信念はひとつでなくていいのです。おかれた環境・状況によって、増やしていくととらえましょう。「自分軸」が揺らぐような複数の価値観・信念は混乱を招くだけですが、状況に応じて出し入れしていくことが大切です。

A Answer

インパクトのある出来事を自分で起こす！

「恐れ」を超えれば変化できる

価値観・信念だけに限らず、何事においても「変化」を拒む人がいます。そこには、変化によって、これまでの安定した状況から不安定な状況へと移りかねないという**「恐れ」**が潜んでいるのです。そして、その恐れから、「価値観・信念を変えても、どうせうま

3つの自分インパクトを紹介！

①同僚・先輩に思い切って相談

3か月間の出来事

彼のTake action!

上司や、周りからの言いなりで仕事をしていたAさん。このままでいいのかと考え始めた3か月前、まずは普段は仕事で接点のない先輩に相談してみた。思いがけないアドバイスをもらい、少しずつ意識が変わり始めていく。気づけば、セミナーを受けたり、専門書を読んだり、次第に知識や自信が身につき、P.87のような姿に！

実は上司も…

上司のTake action!

「このままではいけない」と思いながら、「そのほうが早い」とひたすら部下たちに指示し続けてきた上司。自分自身のやり方にも限界を感じ、部下たちを自ら考え行動できるようにしたいと考え方を変える。参考にしようと様々な書物、サイトを読み漁るように。

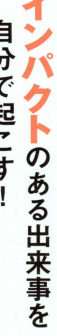

くいかない」といった勝手な思い込みをしてしまえば、何の行動もできず、現在の価値観・信念から飛び出すことはできません。

この「恐れ」を乗り越え、価値観・信念を変化させるには、**インパクトのある出来事を自ら起こす必要があります**。たとえば、あえて未経験のことや苦手なことにチャレンジしてみると、これまでの価値観・信念では対処できないことがいくつも出てくるはずです。それらを何とかしようと必死になっているうちに、新しい価値観・信念が生み出されるようになります。

②自分を成長させるべくセミナーに参加
知識が身につく
仕事デキル
ビジネスセミナー
自信がつく
③自主勉強でさらにレベルアップ

他者とつながり、自分を高めたい思いは同じ！

部下・上司ともに、よいタイミングで自分自身を見つめ、行動を起こせたこともあり、仕事に取り組む姿勢、「こうなりたい」という思いが見事に合致した例。

ともに高めていこう！

価値観・信念と非認知能力との関係

価値観・信念を変えれば非認知能力は伸びる

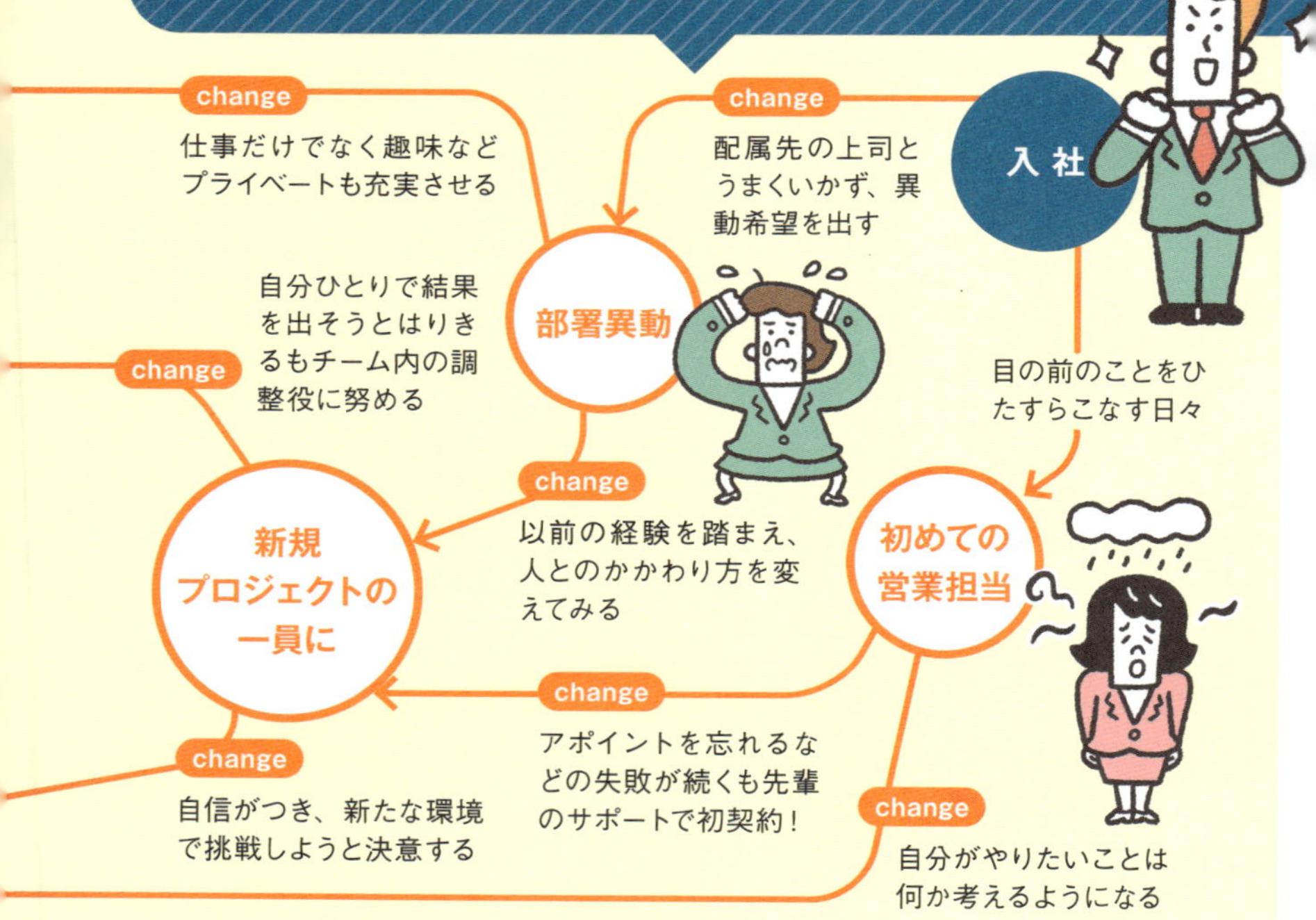

入 社
目の前のことをひたすらこなす日々
初めての営業担当
change
配属先の上司とうまくいかず、異動希望を出す
部署異動
change
以前の経験を踏まえ、人とのかかわり方を変えてみる
change
アポイントを忘れるなどの失敗が続くも先輩のサポートで初契約！
新規プロジェクトの一員に
change
仕事だけでなく趣味などプライベートも充実させる
change
自分ひとりで結果を出そうとはりきるもチーム内の調整役に努める
change
自信がつき、新たな環境で挑戦しようと決意する
change
自分がやりたいことは何か考えるようになる

非認知能力は価値観・信念の変化でさらに伸びる

価値観・信念は、Chapter2で説明した気質・基本特性を基礎にして生み出されていますが、両者には違いがあります。**気質・基本特性は「変えられない（変えにくい）もの」**ですが、**価値観・信念は「変わるもの」「変えられるもの」**です。たとえば、お金がないと「節約第一」となりますが、お金持ちになると「ぜいたくが必要」と思うようになるなど、価値観・信念は成長や発達、まわりの影響

環境の変化やかかわった人の影響など、価値観・信念をアップデートする要素は、私たちの日々の生活や仕事の中にたくさんあります。変化を恐れず、より自分らしい「自分軸」をもって、非認知能力を伸ばしましょう。

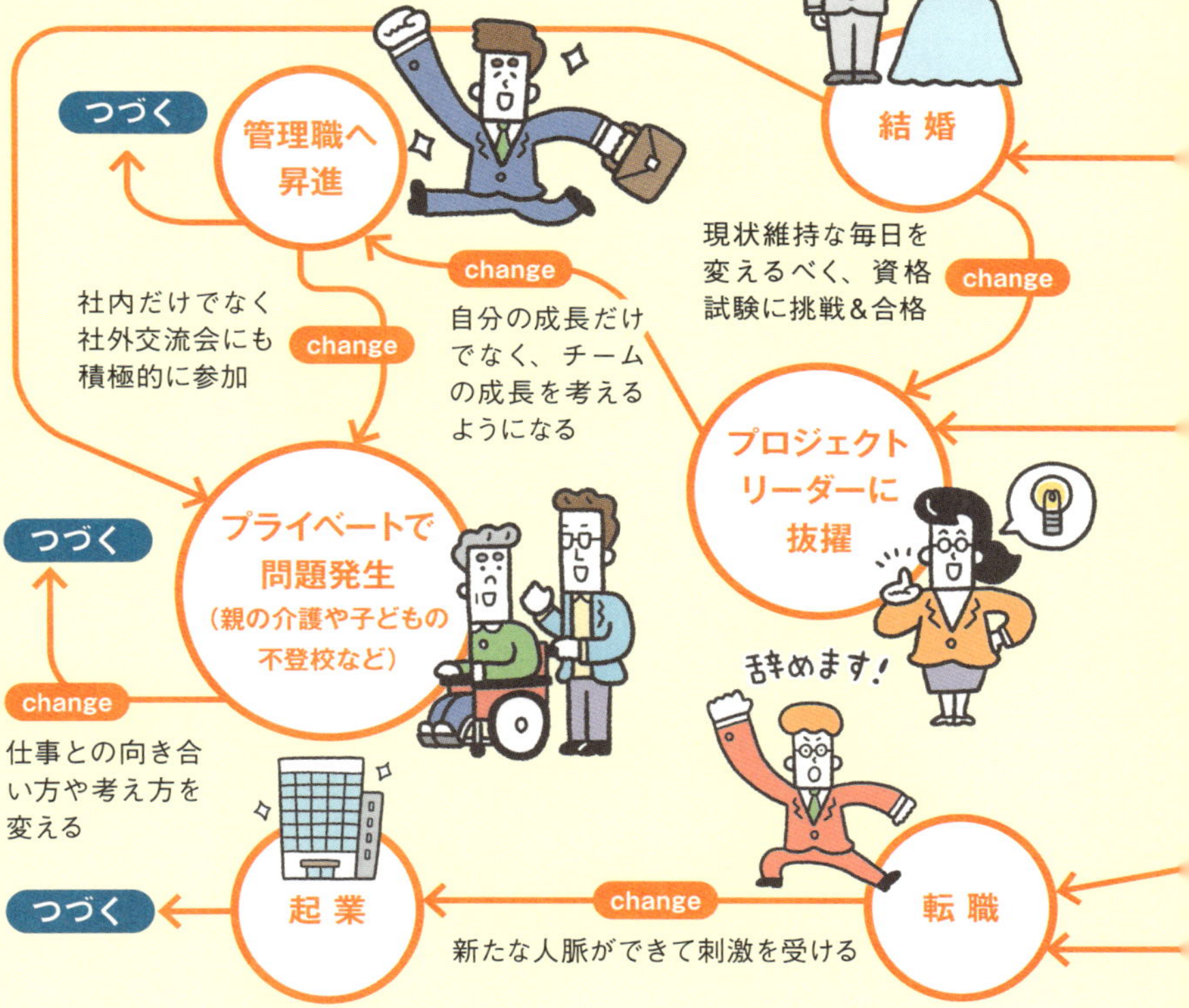

などで変化します。

そして、私たちの内面に深く関わる非認知能力を伸ばすうえでは、この**「変えられるもの」である価値観・信念を変化させることが大切**です。

現在の価値観・信念をあえて変えてみれば、それに基づいていた**思考**や**行動**までもが変わり、「自分のやりたいことをする」「自分の人生を自分でコントロールする」といった、**「自分軸での生き方」**ができるようになるのです。非認知能力は、外側から無理に価値観を押しつけられたり、強いられたりすることでは決して伸びていかないのです。

column
4

非認知能力を伸ばすのに必要な価値観・信念はポジティブなほうがよい？

価値観・信念は、あくまで「考え方のクセ」といえるものです。そのため、無理矢理ポジティブにする必要もありませんし、ポジティブ一辺倒がいいとも言い切れないのです。

たとえば、ミーティングのときに共感力を高めようとして、「人の意見にはひたすら共感するぞ！」というポジティブ全開の価値観でいたとします。すると、事実に反した意見までも何の抵抗もなく受け入れてしまい、誤った結論を導いてしまいかねません。もしもそこで、「どんな意見にも疑いの目を向けるべき」といったネガティブな価値観をもっていれば、意見の誤りに気づけるなど、リスクを回避することができるのです。

このように、たとえネガティブな価値観であっても、「自分とみんなが幸せになれるかどうか」という観点に根づいたものであれば、まったく問題ありませんし、必要な「ネガティブさ」といえるのです。しかし、「何をやっても自分にはムダ」と思ってしまうようなネガティブな価値観は、だれのためにもなりません。そのようなネガティブさを抱えていることに気づいたら、「なぜ自分はそう考えるのだろう？」と、Chapter4 で説明する「メタ認知」を行い、よりよい価値観へと切り替えられるようにしましょう。

Chapter

4

メタ認知（自己認識・自己調整）しよう

非認知能力を身につけるうえで核となる「メタ認知」。自分自身を俯瞰し、その行動を調整していきます。丁寧な振り返りを行い、精度を上げ続けながら、最終 STEP へとつないでいきます。

Q Question

メタ認知（自己認識・自己調整）とは？

#行動　#コントロール　#自問自答　#俯瞰する

目標や将来の夢などを実現するために、自分に合ったやり方や学習法を見つける能力として、注目を集めている「メタ認知」。どのようにすればメタ認知ができて、さらに活用できるのかを、ここでは学んでいきましょう。

ポイント①

自分の価値観・信念が確認できた次のステップ

どんなにすばらしい価値観・信念を抱いていたとしても、それを行動に移さなければ、納得できる人生をつくり出したり、人間的に成長したりすることはできません。その「行動化」を手助けするのがメタ認知です。

行動したことを振り返りながら、さらなるよい行動へと導くためのシステムといえます。

ポイント②

メタ認知と非認知能力の関係

メタ認知の精度を高めると、自分の立ち位置やまわりの状況を客観的にとらえられるため、身につけるべき非認知能力を見極めることができます。さらにメタ認知によって、その時々で「どんな行動をとればいいか」がわかり、それに合わせて必要な非認知能力を選択し、発揮できるようにもなります。

A Answer

自分自身をモニタリングしたうえで自分の行動をコントロールすること

自分を客観的に見つめて行動につなげていく

私たちは、「自分はこうでありたい」といった価値観・信念をもっています。しかし、これを実現しようとしても、「どうせできない」などと考え、なかなか一歩を踏み出せないものです。そん

価値観・信念をもったうえで
「こうでありたい」
「こうなりたい」
「こういう行動をしたい」
プレゼンうまくなりたい！
なりたい自分に近づくため
自分を客観的に見る
「いま何が必要なのか」
「何ができるのか」
「何ができていないのか」
じ〜
キリッ
なりたい自分像

なときに活用すべきなのが、**「メタ認知」**です。

メタ認知とは、簡単にいうと**「自分自身を客観的に見つめること」**です。

たとえば、プレゼンがうまくなることを「できない」とあきらめるのではなく、「なぜ『できない』と考えるのか」と、**自分を「もう一人の自分」**としてとらえてみます。それによって見えてくる、できない理由・原因を解消することで、実現のための行動をとりやすくするのが、メタ認知のメリットです。

Q Question

メタ認知を行う方法は？

#目標設定　#意識づけ　#振り返り

自分の思考や行動を客観的に見ること、さらにメタ認知を習慣化することは簡単ではありません。❶～❺のように小さなステップを取り入れながら、振り返る習慣を身につけていきましょう。

メタ認知する方法

❶ 目標設定

価値観・信念に基づいて「こうなりたい」「こういう行動をしたい」という目標を設定し、計画を立てる。

・プレゼンがうまくなりたい
・自分の考えをはっきりと伝えられるようになりたい

❷ 問題解決

自分を客観的に観察する。「どこが弱いのか」「何に苦労しているのか」など、今の自分に必要なことを把握。

・内容が魅力的でない
・自信が足りない

行動と振り返りで自分なりの「方法」を見つける

自分に合ったメタ認知のやり方を考えてみましょう。

たとえば、「プレゼンを上達させる」という目標（❶）のために行動したとき、「どうせできない」と思ったとしましょう。そのときに、「なぜ『できない』と思ったのか」と自分に問いかけてみると（❷）、「話すのが苦手だから」といった理由・原因が見えてきます

A Answer

目標設定〜振り返りまでを順序立てて行う

③ 自分に足りないものを知る

問題が起こる理由や原因をふまえて、具体的な目標を立てる。

・練習時間　・経験　・実際の方法
・説得する気持ちや熱意　など

④ 意識の明確化

どんなことをこれから意識していけばよいのかを明らかにする（自己調整）。

・意識して行動する
・準備したことを発揮する

他者からの意識づけがあるとよい

⑤ 振り返り

行動から学んだ内容、そこで自分自身はどうだったのかを見直す。

・改善点や成功したところを分析する
・新たな目標を立てる

（③）。これをクリアするための行動を考え、実行します（④）。「練習をする」と思いついたならば、実際に練習に取り組み、「今の時点で、できること・できないことは何だろう？」と振り返ります（⑤）。今度はそのできない部分をクリアするための目標を設定し、再び自問自答して行動し、振り返る……というサイクルを続けていきます。

このように、行動と振り返りを続けることで、自分に合ったやり方が自然と見つかるのです。

メタ認知できている人・できていない人

ここに、メタ認知ができている人と、できていない人がいます。２人には仕事の進め方や成果に違いがあるようです。その違いがどんなもので、そこにメタ認知がどうかかわっているかを探ってみましょう。

今からでもやれる！

メタ認知ができていないと、「きちんとできないからやらない」といった完璧主義的な考えや、「失敗が怖い」「失敗したら笑われる」といった思い込みにとらわれて行動ができなくなり、どんな小さな目標も達成できなくなります。「自分はメタ認知ができていないかも」と気づいたら、「どうして自分はそう考えたのだろう？」と自問自答することや、「あの行動をしたとき、自分はどういう気持ちだったのか」といった振り返りを習慣化させてみましょう。これがメタ認知を身につけるための第一歩です。

メタ認知できている人

今の自分に「できること」「できないこと」の判断ができ、思い込みや感情にとらわれることなく、自分のやり方で「できないこと」に対処できる。落ち込んでも次にやるべきことが見えているので、立ち止まることなく行動できる。

- 自分の状況がわかっている
- 他人の意見も取り入れられる
- 次にやるべきことが見えている
- あとは行動するのみの状態

メタ認知できていない人

今の自分に「できること」「できないこと」の判断がつかず、「できないこと」を無理に実行して、結局うまくいかない。そのことをだれかのせいにしたり、「自分には無理」といったネガティブな感情にとらわれたりすることが多い。

- 自分の今の状況が曖昧
- なんとなく過ごしつつも、
  変わりたくない
- 相手の意見が聞き入れられない
- どこが？ なにが？ わからないことがわからない

Q Question

メタ認知するときに最も重要なことは？

#振り返り　#フィードバック　#体験から経験へ　#AARサイクル

P.98～99で紹介した「メタ認知する方法」のなかで、特にポイントとなる取り組みはなんでしょうか？　それを丁寧に行うことで、メタ認知の精度が変わります。

❶ 目標設定
「こうなりたい」「こういう行動をしたい」という目標を設定し、計画を立てる。

❷ 問題解決
自分を客観的に観察する。「どこが弱いのか」「何に苦労しているのか」など、今の自分に必要なことを把握。

❸ 自分に足りないものを知る
問題が起こる理由や原因をふまえて、具体的な目標を立てる。

他者からの意識づけがあるとよい

❹ 意識の明確化
どんなことをこれから意識していけばよいのかを明らかにする（自己調整）。

❺ 振り返り
行動から学んだ内容、そこで自分自身はどうだったのかを見直す。

ポイント①

何かを「体験」したときにも重要な役割を果たす？

ある「体験」をしたあとで、「〇〇を知った」「〇〇ができた」と振り返ることも大切です。振り返りによって、単なる「体験」から知識やスキルの習得につなげられる「経験」へとグレードアップします。その「経験」は同じようなことをする場合の参考になったり、自分なりのやり方を生み出したりする「学び」へとつながるのです。

先日は失礼しました
成長
変容
様々な能力の獲得
人格の形成

意識と行動
もっと調べたり、足を運んだりして知識を得よう
教訓や改善点
これからの方向性
学び
→会話の中に仕事につながるヒントがあるかも
振り返り
体験を自分の中へ内面化する
経験
営業先について知識不足だった
振り返り
実際にやってみる
体験
営業先でうまく話せなかった

ポイント②

フィードバックからフィードフォワードへ

過去の行動を振り返る意味でのフィードバックは重要ですが、あくまでも自分自身の行動や結果に対して行われるもの。未来に焦点を置いた前向きな取り組みである「フィードフォワード」の大切さが、近年では注目を集めています。成長に向けた改善・準備こそが未来の行動に役立つのです。

A Answer

丁寧な振り返りを行うこと

感情や理由・原因を振り返ってみる

メタ認知は、その人に合ったやり方を見つけるための「行動と振り返りによるシステム」といえます。**自分の行動を客観的に振り返ること**で、自分の得意と苦手を見極め、自分に合ったやり方を認識し、さらに行動して、また振り返りを行う……というサ

丁寧な振り返りの４ステップ

①あったことを振り返る

出来事や行動した内容と、その結果について振り返ります。振り返りを行うには、自分の行動を意識的に観察し、記録をつけるようにしましょう。日記や自己評価シートの活用がおすすめです。

②そのときの内的状況を振り返る

①で自分はどう思った（感じた）のか、どういう考えでそこに至ったのかという「内的状況」を振り返ります。これにより、自分の行動のパターンがわかり、そのときとるべきだった行動が見えます。

③理由・原因を振り返る

②の内的状況が、どんな理由・原因で起こったのかを振り返ります。

④今後の方針を振り返る

ここまで振り返ったことについて、「よりよい行動がとれるようにするにはどうすべきか」を考えます。次の対策を考え、行動に移しましょう。

この４ステップで行えれば、振り返りに失敗なし！

まずは
書いて振り返ろう!!

イクルをくり返すことこそが、メタ認知なのです。

ただし、振り返る際には、「○○をして失敗した」という、出来事や行動内容だけの振り返りだけでは、何の気づきも得られません。その出来事・行動のなかで、自分がどう感じ、何をすべきだったのかを振り返ることで、「今度はこうしよう」と改善点が見つかり、次の行動につなげられるようになります。「行動→振り返り」のサイクルで得た行動モデルは、自分に合ったやり方として「学び」となり、ほかの場面でも教訓として生かせるようになります。

振り返りの質を高める

例）子どもを叱ってしまった日

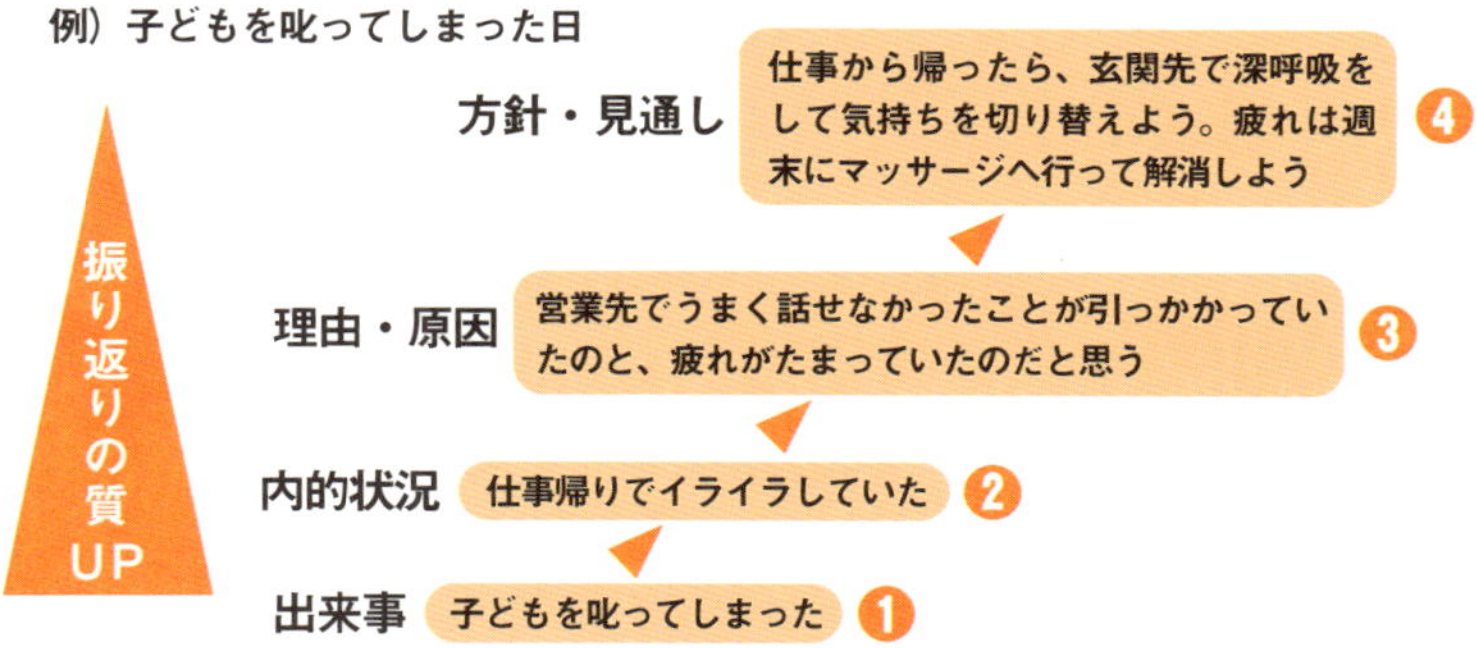
振り返りの質UP
方針・見通し
仕事から帰ったら、玄関先で深呼吸をして気持ちを切り替えよう。疲れは週末にマッサージへ行って解消しよう
4
理由・原因
営業先でうまく話せなかったことが引っかかっていたのと、疲れがたまっていたのだと思う
3
内的状況
仕事帰りでイライラしていた
2
出来事
子どもを叱ってしまった
1

AARサイクルとメタ認知

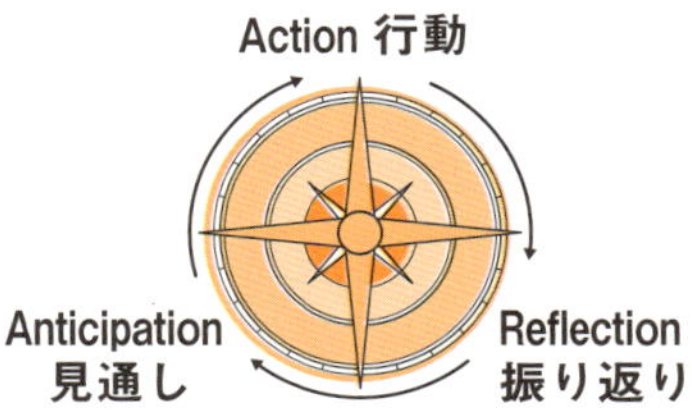
Action 行動
Anticipation
見通し
Reflection
振り返り

出典：Learning Compass 2030 by OECD

OECDが提唱した学びの枠組みとして示された「AARサイクル」。これまでは、明確な目標を設定→行動→振り返り、と3つのステージを順にこなしていましたが、今後子どもたちが主体的に学ぶには、まずは興味のあることに取り組みながら、そのなかで「見通し・行動・振り返り」の3つのステージをこなし、学ぶべきことを柔軟に決めていくべきである、としたのです。AARサイクルは、「行動と振り返りのサイクル」であるメタ認知を活かした学び方といえます。

→リアルタイムを目指そう

リアルタイムの振り返りで行動を即時改善

何らかの活動をしたら、すぐに振り返りをするのが基本です。何かに書く、頭の中で、など方法はさまざま。これを習慣化することで、メタ認知が身につくのはもちろん、**行動中にも振り返りができるようになります**。自分をリアルタイムで客観的に見られるようになれば、**「自分が今どういう状態なのか」**をすぐに理解することができ、**「次に何を**

振り返りのタイミングは行動後 ―

トップアスリートのように、活動レベルが高い競技のなかで振り返り→考え→判断→すぐに行動に移すことはとてもすばらしいことです。また、散歩や日常生活のような活動レベルが低いなかでも、たとえば何気ない風景を見て「あの仕事に生かせるかも」といったように、メタ認知できる人もすばらしいと思います。

「活動後の振り返り」を続ける

↓

やがて習慣化する

↓

メタ認知できるようになる

すべきか」を行動のなかでも適切に判断できるようになります。

たとえばスポーツ選手は、試合や競技の最中に自分のプレーを振り返り、そこで判明した課題や問題点を、すぐさま次のプレーで解決します。これは、スポーツという行為が「行動」の連続だからこそできることですが、私たちの日常生活においても、**振り返りの習慣**をつけていれば、「この方法のほうがいいな」とすぐさま気づいて修正、実行できるようになります。

「振り返り」を習慣化するコツ

P.104の「丁寧な振り返りの４ステップ」を目指したいものの、なかなか習慣にまでつなげるのは難しい…と感じる人のために、コツを紹介します。トレーニングと思って毎日積み重ねることで、いつの間にか意識せずに行えるようになるでしょう。

１日１回「自問自答」を取り入れる

毎日、自問自答をする習慣を身につけてみましょう。取り上げる内容は、「なんかイラッとした」「ラッキーなことがあった」といった、ささいなことでかまいません。できるだけ毎日違う内容について、「どうして私はあんなことをしたんだろう？」「もっといい方法はなかったのかな？」と、「セルフつっこみ」を入れるつもりで、1日に1回は気軽に自問自答をしてみてください。

自分だけのアウトプットをこまめに

「自分の振り返りを人に見られると恥ずかしい」と思ってしまうと、メタ認知をするのは難しくなりますので、あえて自分しか見られないようにして振り返ってみましょう。日記に書くのもいいですし、スマホのメモ機能や、非公開にしたSNSやブログに書いてみたり、お気に入りのぬいぐるみに話しかけてみたりしてもいいでしょう。まずは自分の考えや思いを「言葉」にしてみましょう。

他人にオープンにする

ぼくはこう思うよ！
理由はね…
ふむ
ふむ

自分以外の人に振り返りをオープンにすれば、さまざまなリアクションが返ってきます。「がんばっているね」と褒められれば、やる気が出ますし、「○○の部分がいいね」と具体的に言われると、「そうか、私は○○が得意だったんだ」と気づくことも出てきます。つまり、振り返りを言語化すれば、行動内容がわかりやすくなるだけでなく、他者と共有できるようになり、次の行動によい影響を与えることができるのです。

瞑想を取り入れる

私たちの行動を妨げているのは、「失敗したらどうしよう」といった、将来に対するネガティブな感情であることが多いものです。そこで、あえて将来には目を向けず、マインドフルネスなどの瞑想を取り入れ、今の自分の状態や考えに集中するようにしましょう。今の自分の得意や苦手といった現状をそのまま受け入れて、そこからどのように改善していくべきかをメタ認知で把握すれば、行動への不安や焦りがなくなります。

呼吸に集中するマインドフルネス

①椅子に座り、背筋を伸ばす。リラックスした状態で目は軽く閉じるか、薄く開けて斜め下を見る。
②腹式呼吸をする。
③自分の呼吸音や、呼吸に合わせておなかがへこんだり膨らんだりする様子に集中する。雑念が浮かんだら、無理に追い払おうとせず、少し向き合ったあとに流すようイメージする。再び呼吸に集中する。

Q Question

振り返りがうまくいったら メタ認知は終わり？

#丁寧な振り返り　#感情に関わる　#見えにくい内容　#周りの人に聞く

上の女性は、Chapter 4を通じてメタ認知を行い、当初の「プレゼンがうまくなりたい」という目標を見事に達成させました。……ですが、これでメタ認知は完了でよいのでしょうか。

振り返りを鍛えて メタ認知の精度を 上げ続ける努力を

自分では「メタ認知できている」と思っていても、振り返りが感想止まりになっていることがあります。また、大きな失敗やつらい出来事は振り返らず、あまり重要でないことばかりを振り返ってしまい、本当に知るべき「自分」はわからないまま……ということも起こりかねません。

まずは、P.104にある振り返りの4ステップ

A Answer

メタ認知に終わりはない。精度を上げ続けていこう

を参考にして、行動の理由・原因やその後の行動についてまで、十分に振り返る習慣をつけましょう。そのうえで、家族や友達などに自分の**振り返りの内容を話してみましょう**。すると、自分では気づけなかった評価やアドバイスをもらえるなど、今後の行動の指標となるものが見えてきます。

　メタ認知に終わりはありません。ひとつできて安心するのではなく、精度を上げ続け、非認知能力を伸ばすことへとつなげていきましょう。

column 5

メタ認知で重要な振り返り。でも振り返りのし過ぎはダメって本当？

振り返りは日記を書くようなものですし、「あんなことがあったな」などと楽しくできることから、振り返りばかりに集中したくなることもあるでしょう。しかしメタ認知は、「振り返り」を目標にしてはいません。振り返ったことをもとにして、新たな行動に移すことが目標なのです。振り返りは行動のための「手段」に過ぎません。そのため、振り返りばかりをしていては、その場で足踏みを続けているようなもので、「よりよい自分」に向かって前進もできなければ、非認知能力を身につけることもできません。

大切なのは、行動です。どんなに振り返ろうとも、すばらしい考えをもっていようとも、行動しなければ人間は変われません。振り返った内容で、少しでも行動すべきことがあったら、すぐに実施してみましょう。「10分だけ早起きする」とか「ゴミが落ちていたら拾う」とか、どんな些細なことでも、考えているのと行動に移してみるのではまったく異なります。実際に手足を動かしてみると、「自分にはこんなことができるのだ」「ここが苦手だな」と気づくことができ、そこからさらに振り返り、再び行動に移すことが、非認知能力を伸ばすためには欠かせないのです。

Chapter
5

行動を習慣化しよう

ここでの「行動」はなにを表すのでしょうか？ただの「行動」との違いはどこなのでしょうか？　めざす自分に近づくための行動から、習慣化するまでのプロセスを通じて非認知能力を身につけていきましょう。

Q Question

行動とはなにを表すのか？

#行動特性化　#習慣化する　#コンピテンシー

Chapter4で説明したメタ認知により、目標達成や理想への到達に向けて、自分のやるべきことがわかったら、あとは行動に移すだけです。そしてこの行動のなかで、非認知能力を自ら身につけ、伸ばしていくことができます。しかし、ここでいう「行動」は、「一回行動すればOK」というものではありません。ここでの行動は、最初は意識的に行いながらも、何回も続けていくうちに、それほど意識しなくてもできるようになる。習慣化した「行動」のことなのです。

ポイント①

「メタ認知」における行動とは？

目標達成のための「行動」とは、メタ認知によって明らかになった「目標」と「今の自分」の間を埋めるものです。目標というゴールに向かって、今の自分にできることをコツコツと続けていくうちに、学びや人とのかかわりなどを得ることができます。その行動のなかで、非認知能力が身につき、伸びていくのです。

ポイント②

ただの「行動」ではダメですか？

ここでの「行動」とは、「目標達成に必要なことをする」というだけの意味ではありません。たとえうまくいかない行動であっても、「どうすればうまくいくだろう」などとメタ認知で振り返りをしながら、自分なりのやり方や別の切り口で続けていくうちに、それほど意識しなくてもできるようになること。それがここで説明する「行動」なのです。

A Answer

行動とは「今の自分」と「目標」をつなぐもの

意識しなくても習慣化された「行動」をめざす

よりよい行動（以下「行動」）は、**「今の自分」と「目標」との間にあるギャップ**を埋めるものであり、理想の自分に近づくためのものです。

たとえば、「元気にあいさつができるようになりたい」と思ったら、「毎日大きな声であいさつをする」という行動を、意識的にするでしょう。しかしそれが一日だけで終わってしまっては、ここで

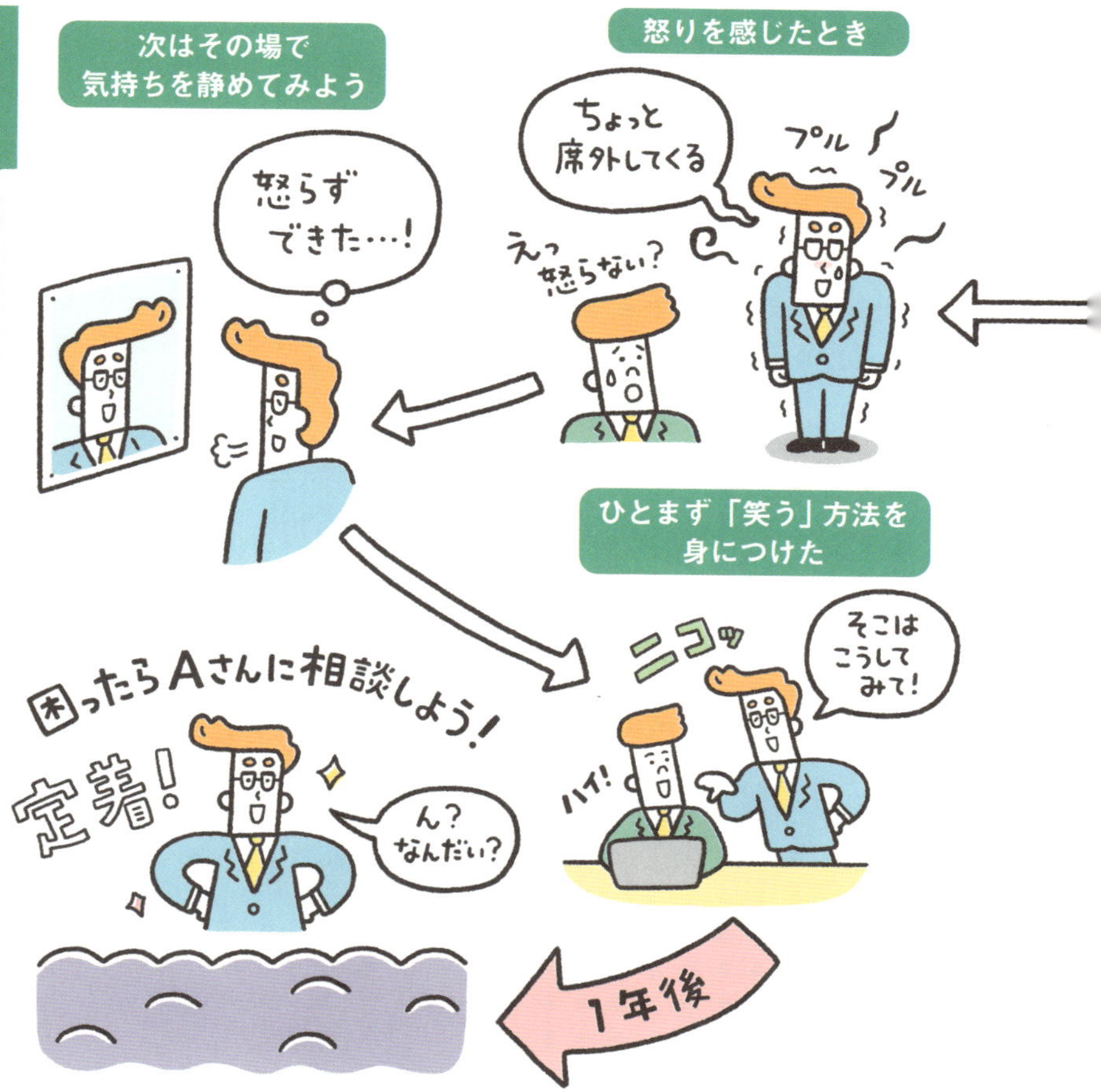

いう「行動」にはなりません。毎日元気なあいさつをくり返して**習慣化**し、最終的にはそれほど意識しなくても大きな声で「おはようございます！」と言えるようになることこそが「行動」です。

　そして、**この「行動」を通して、私たちは非認知能力を身につけていること**を表しています。あいさつの例でいえば、毎日あいさつを続けるという持続力や、いろんな人にあいさつをするというコミュニケーション力などが育まれていきます。

Q Question

「最初の行動」に移せない人の原因は？

#気質を無視　#モニタリング止まり　#失敗がトラウマに

どんなに大切だとわかっていても、なかなか行動に移せない……。その理由・原因は、メタ認知の不十分さにあるかもしれません。まずは、もう一度メタ認知を行い、「なぜ行動に移せないのか」を振り返ってみましょう。「行動の内容が、そもそも自分に合っているものなのか」「行動を怖がる気持ちはないか」など、さまざまな視点から行動を妨げている理由・原因を探っていきましょう。

感情のコントロールができるようになりたーい！

ポイント①

気質や意識を無視しすぎた内容では？

気質は生まれもったものであるため、変えることはできません（Chapter２参照）。そのため、気質に合わない行動をとろうとしても、うまくいかないのはもちろん、やろうとする気持ちにもなれなかったりするのです。行動に移せないときには、「この行動が自分の気質に合っているかどうか」を確認してみましょう。

ポイント②

過去の失敗にとらわれすぎでは？

「うまくいかなかったらどうしよう」という失敗への恐怖が、行動を妨げてはいませんか？　行動は、「できるからやる」ものではなく、「やってみて、できるようになる」ものなのです。最初はとにかく、「行動あるのみ！」。そのうえで、できない場合には「なぜできないのか」を振り返り、行動を改善してみましょう。

A Answer

自分をコントロールするまでにたどりつけていないから

まずは「行動あるのみ」そこからできるように

行動に移せない場合、行動があまりにも自分の気質などから離れすぎている可能性があります。たとえば、物静かな人が「毎日だれかと話しまくる」といった行動をとろうとしても、無理があります。また、失敗を恐れて行動できない人も多いことでしょう。

これらの「行動できない理

自分自身のモニタリングを一生懸命やっても、「自分に合った」行動目標が設定できないと自分の行動を意識してコントロールするところまでつなげられなくなってしまいます。

由」には、**メタ認知の不十分さ**がかかわっています。メタ認知で「今の自分」を正しくつかめていないと、とるべき行動の選択を間違えたり、あまりにも高い目標を設定してしまったりして、行動しにくい状況になっている可能性があるのです。

そして、行動の前から失敗することを考えず、「自分はできる」と思い込むことも、行動するためには必要です。「最初からできる」ことだけが行動ではありません。**まずは「やってみる」**ことで、**「できるようになる」**ことが、行動では大切なのです。

人に聞く
どうかな?
う〜ん
メタ認知し直す
&精度を上げる
いろんな目で
自分を見直す

Q Question

行動しやすくするためのコツは？

#スモールステップ　#できた！の積み重ね

A Answer

スモールステップでプロセスに注目する

目標を細分化すれば達成感を得やすい

行動の基本は、「**まずは小さなことからやってみる**」です。たとえば、「TOEIC®TESTで満点をとる」という目標を立てたら、いきなり上級者用の問題集で勉強するのではなく、目標自体を「英単語を50個覚える」「英文法の復習を1日1回する」などと細分化して「小さな行動目標」をいくつも設定し、それをひとつずつこなすようにします。小さなステップであれば達成もしやすいため、「できた！」という実感を得やすいのです。そして、この小さな**「できた！」の積み重ね**が本来の目標の達成につながり、そのプロセスを振り返ることで、「自分はここまでやれた！」という自信にもつなげられます。

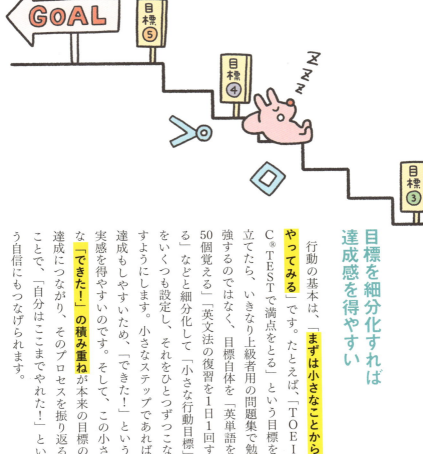

Q Question

非認知能力が身についた判断はどこでする?

#自分にあった行動特性　#無意識　#まわりの人の評価

続けることで「習慣化」する

目標達成のための行動のなかで、非認知能力は身につきます。たとえば、「冷静な人間になりたい」と思い、「イレギュラーなことが起きたら、10秒間心を落ち着かせる」という行動をとるようにするとしましょう。最初は、「心を落ち着かせよう!」と意識的に行動しますが、続けるうちにそれほど意識しなくても10秒だけは心を落ち着かせることができるようになりま

A Answer

行動が習慣化したとき ＝身についたと判断する

コンピテンシーに基づく非認知能力の向上

仕事の能力や成果を出せるかどうかは、その人の知能や学歴ではなく、行動の習慣に結びついている――これは1970年代に、アメリカ・ハーバード大学のマクレランド教授が提唱した考え方で、この成果につながる行動の習慣（行動特性）を「コンピテンシー」といいます。目標達成のための行動を意識的に続け、やがて無意識化・習慣化することで、成果を得られるしくみが生まれます。そのしくみのなかで非認知能力は育まれ、向上していくのです。

す。この**「行動の習慣化」**こそが、非認知能力の向上を表しているのです。ときには、まわりの人から「落ち着いているね」と評価されて非認知能力の向上に気づく場合もあるでしょう。

　また、非認知能力を身につけたことにより、ほかのことにおいても意識が変わり、行動を変えていけるかもしれません。すると、これまで以上に能力を発揮できるようになり、非認知能力の向上を実感できるようにもなるでしょう。

行動する人には〝何か〟が起こる！

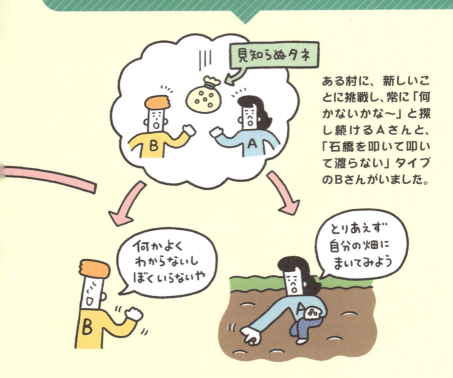

計画的偶発性理論と非認知能力との関係

ある村に、新しいことに挑戦し、常に「何かないかな～」と探し続けるAさんと、「石橋を叩いて叩いて渡らない」タイプのBさんがいました。

予想外・偶然は行動から生まれる

行動が、キャリア形成にも欠かせないものであることが、1999年にアメリカ・スタンフォード大学のクランボルツ教授が発表した「計画的偶発性理論」に示されています。この理論では、「大部分の人のキャリアは、予想外の出来事や偶然の出会いでつくられている」としており、その「予想外の出来事」や「偶然の出会い」は、積極的に行動することで生じやす

セレンディピティとは？

「セレンディピティ」は、偶然または予想外にすばらしいものに出会ったり、目的以外の価値あるものを手に入れたりすることを指す言葉。2000年にノーベル化学賞を受賞した白川英樹博士など、多くの著名人が自らの功績を説明する際に用いています。セレンディピティは、三人の王子が困難な出来事を偶然や賢明さで乗り越え、求めていなかったすばらしいものを見つけていく童話『セレンディップの三人の王子』がもとになった造語で、計画的偶発性理論における「予想外」「偶然」も、セレンディピティのひとつであるといえます。

くなるとしています。つまり行動することで、さまざまな人や場所とつながり、さらなるキャリアが構築されやすくなるのです。

また、クランボルツ教授は、**「予想外」「偶然」を引き起こすスキル**として、**好奇心・持続性・柔軟性・楽観性・冒険心**という、代表的な非認知能力を5つ挙げています。

自分にあったキャリアを構築するには、積極的に行動し、そのなかで非認知能力を鍛えていくことが大切なのです。

column
6

「自分語り」をマイナスにとらえる日本。気軽な話し合いをもっとしませんか？

ミーティングなどの人と対話する場では、コミュニケーション力や共感力、傾聴力など、非認知能力を活用することが多いものです。しかし、いざ話し合おうとすると、妙にかしこまってしまい、本音を話せなかったり、焦って自分の話ばかりしてしまったり……といった経験はありませんか？　それは、非認知能力のひとつである「オープンマインド」が欠けているせいかもしれません。

人はそれぞれ気質も性格も価値観も異なるのですから、意見が異なるのは当たり前です。そんな「自分とはまったく異なる意見」を、否定せずに素直に受け入れることが、オープンマインドです。また、オープンマインドには、自分の意見を素直に話すことも必要です。「変だと思われたらどうしよう」「否定されないだろうか」といった不安もあるかもしれませんが、まずは自分から心を開いて話すことで、相手に信頼感を伝えることができます。すると、相手も「この人になら素直な意見を言ってもいいだろう」と思い、率直な意見を話してくれるようになるはずです。

対話の場では、参加者すべてがオープンマインドであることで、不必要な緊張を減らし、うわべではない本質的な話し合いができるようになります。

Chapter

6

応用編

相手の非認知能力を伸ばそう

自分に身についたら、次はまわりの人の非認知能力を伸ばす働きかけをしてみませんか。非認知能力は、他者のかかわり方によって伸ばしやすさも変化します。相手となる同僚や部下、子どもなど、それぞれのかかわり方を学びましょう。

相手によって非認知能力を伸ばす働きかけは異なる?

相手がだれでも、基本的な働きかけは変わりません。ただし、仕事でかかわる「同僚や部下」と、家族である「子ども」では、その関係性や年齢が大きく異なります。ポイントや違いを確認しながら、働きかけの方法を見てみましょう。

POINT 01

上司→同僚・部下の場合

すでにかなり人格が形成されている大人同士であるため、ビジネスライクな関係を保ちつつ、非認知能力の向上のために働きかけるようにします。たとえば、仕事上で評価をするにしても、その人自身を褒めるだけではなく、「あの仕事の○○は、××がよかった」などと、その人の仕事の内容や成果を具体的に褒め、伝えるようにしましょう。

他者の「働きかけ」が非認知能力を伸ばす

非認知能力は、基本的に自らの中で伸ばす力です。まわりの人がどんなに働きかけても、本人にその気がないと、伸ばせるものではありません。

しかし、まわりの人が、本人の気づいていない長所や能力を認めてあげたり、適切なアドバイスをしたりといった働きかけをすることで、その人が非認知能力を伸ばす行動を起こしやすくすることができるのです。

POINT 02

親→子どもの場合

親が子どもの非認知能力を伸ばそうとする場合には、子どもの発達段階に応じて行う必要があります。明らかに発達段階に応じていないこと(できないこと)に取り組ませるのは避け、新しいことにチャレンジするときにはさりげなくサポートしましょう。なお、思春期などの不安定な時期には、子どもからアプローチしてくるまで見守るだけでもOKです。

他者がかかわれるポイント

STEP 01 当人が自分を知るとき

他者ができること

当人がどう見られているのかを伝える

言語化するときの話し相手になる

STEP 02 当人が価値観・信念をもつとき

他者ができること

価値観・信念に影響を与える存在となる

価値観・信念をすり合わせる

相手の行動につながる働きかけをする

相手の非認知能力を伸ばそうと働きかける場合には、当人が「こういう行動をしよう」と**意識づけられる**ような、言葉がけを工夫するなど、こちらが手本となるような行動をとりましょう。ほかにも、「この本、読んでみない？」などと、参考になる本や映画、動画などを勧めてアプローチすることも、働きかけのひとつです。

非認知能力を身につけるとき、

STEP 03
当人がメタ認知をするとき

他者ができること

しっかり見取り
フィードバックする

意識づけする

ぼくは こう思うよ!
理由はね…
ふむ
ふむ

当人　他者

STEP 04
当人が行動を習慣化するとき

他者ができること

行動の変化を
受け止める

改善につなげる
アセスメント
（評価）をする

とれました!
よし
これならどうだ!
上司

当人　他者

また、メタ認知における振り返りや、行動を習慣化したあとのフィードバックでは、具体的な評価を相手に伝えましょう。単純に「がんばったね」と伝えるのではなく、「〇〇の部分をきちんとやってくれたおかげで、みんなが助かったよ」などと、その人の行動によって、まわりにもどのような影響があったのかを伝えることが大切です。「ならば、もっとがんばってみよう」といったモチベーションを抱けるように伝えます。

Point 1

相手が話を聞きたくなるのは

信頼関係・感情・論理がそろったとき

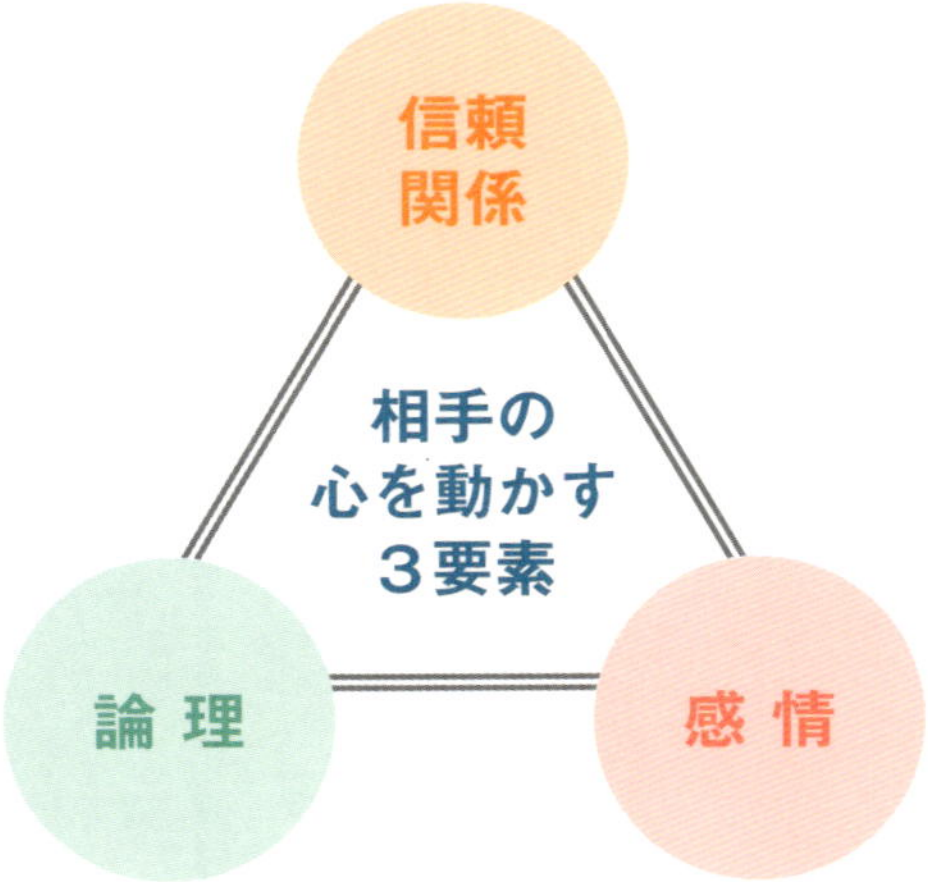

アリストテレスの「説得の三要素」

古代ギリシャの哲学者であるアリストテレスは、著作『弁論術』において、人を動かす（説得する）ためには、「エトス（信頼）」「パトス（感情）」「ロゴス（論理）」の３つの要素が必要であるとしています。

相手が「話を聞こう」と思える要素とは？

非認知能力を身につけてもらおうと、どんなに働きかけても、相手がこちらの話に耳を傾けてくれなければうまくいきません。相手に「話を聞こう」と思ってもらうには、**「信頼関係」「感情」「論理」**という3つの要素が必要です。まずは相手に信頼してもらうこと。そして、話が相手の感情に訴えるものであり、論理的であること。これらのうちの1つが欠けても、相手の心を動かすことは難しいでしょう。

信頼関係

一貫性のある言動で信頼関係を築く

こちらの人柄が信頼できるものであれば、相手はこちらの話を受け入れてくれやすくなります。つまり、**信頼関係を築ける**ことが、相手に非認知能力を身につけてもらうための第一歩といえます。

反対に、上から目線の物言いをしたり、言動が不一致だったりすると、話を聞こうとは思ってくれません。また、言うことをコロコロ変えるのも、信頼関係の構築には不適切です。普段から**「辻褄が合っている人」**であることが重要です。

上司と同僚・部下

相手のプライバシーに必要以上に踏み込むことなく、信頼関係を構築するには、相手の仕事上でのよい部分や、まわりによい効果を与えている部分などを見つけ、適宜伝えていきましょう。すると相手は「自分に関心をもってくれているんだな」「認めてくれているんだな」と思えるようになり、それが信頼関係へとつながります。

親と子ども

信頼関係の土台となる愛着関係が形成される親子関係では、子どもの非認知能力は親のかかわりで身につきやすいという特徴があります。その一方で、愛着関係に頼り切っていると、親子の境界があいまいになり、お互いに依存し合う「共依存」や、親が子どもに教育を押しつける「教育虐待」などにつながる可能性があります。

感情

- 表情
- ジェスチャー
- 視線
- 声の大きさ
- トーンや口調
- 話す速度

人の心を動かす（説得する）には、相手によって受け入れやすい話し方、表情を意識しましょう。

メラビアンの法則

アメリカの心理学者・メラビアンが提唱した法則で、人は言葉の内容よりも、表情や声の状態などを重視する傾向にあることを示すものです。楽しい内容を怖い声色で話すなど、矛盾した情報が混在する場合には、言語情報が7%、聴覚情報が38%、視覚情報が55%の割合で相手に影響を与えるとされることから、「7-38-55のルール」とも呼ばれています。

相手の気持ちを動かす働きかけを

「説得」の要素のひとつである「感情」においては、**相手の感情を動かすこと**と、**相手の感情に共感すること**が大切です。評価をするにしても、「プレゼンの資料、よかったよ」などと良し悪しを伝えるだけでなく、「プレゼンの資料、見やすくて本当に助かったよ」などと、相手の気持ちを動かすような言葉がけをしましょう。さらに、話す際の表情や口調なども、相手が受け入れやすいように工夫しましょう。

論理

根拠や確証を伝えて相手の理性に訴える

どんなに信頼関係を築き、感情に訴えるような伝え方をしても、**話の内容が論理的でなければ**、相手は話の内容に納得しません。

たとえば、「適当にやっといて」と伝えるよりも、「これはあなたの○○を成長させるものだから、やってみてほしい」といったように、「この話はあなたにメリットがある」という**根拠や確証**を伝えれば、相手も納得し、やる気を引き起こすことができるのです。

上司と同僚・部下

社会人の多くは論理性を重視し、辻褄が合っていないことや、矛盾していることには（忖度していなければ）、従おうとは思わないものです。加えて、自分にメリットのないものにはやる気を出しにくくなります。そのため、根拠や具体例などを挙げて、相手の理性や合理性に訴える言葉がけをするようにしましょう。

親と子ども

9歳未満の子どもであれば、話に論理性がなくても、親の言うことをある程度聞いてくれるかもしれません。

たとえば「鬼が来るよ！」という、明らかに現実的ではないことにも、すなおに従ったりします。つまり、幼年期の子どもとは、親子という関係性や、論理を超えた感情でのやり取りがしやすいのです。

Point 2

相手のことをしっかり見取ったうえで

無意識に行っていることを伝える

●ペットボトルのタオル例

たとえば、ペットボトルをテーブルに置く際に、ペットボトルについた水滴でテーブルが濡れないようにと、下にタオルを敷く行動も、無意識のうちの気づかいといえます。それを「その気づかい、いいね」と言葉にして評価することで、相手は「私は気づかいができる人間だったんだ」と気づくことができるようになります。

相手の「見えない部分」を見取る

相手自身がわかっていることを評価するのは大前提。むしろ、相手が自覚していなかったり、無意識で行っていたりすることについて、**評価**するようにしましょう。すると、相手は「自分にはそういう部分があるのだ」と気づくことができ、意識的に修正したり、その部分を強みにして伸ばしたりできるようになります。

こうした「相手が見えない部分」を評価するには、こちらが相手をしっかり観察する**見取り**が必要です。

Point 3

大切なのはタイミング

「即時」「適時」を使い分けて

上司と同僚・部下

大人には、適時的なフィードバックがもっとも効果的。失敗して落ち込んでいる人に、「あのときのきみの努力はすばらしかった」と、過去の見取った様子を適時的にフィードバックすれば、「失敗したけれど、努力は無駄じゃない」などと思え、さらなる努力ができるようにもなります。

親と子ども

子どもには、即時的なフィードバックが効果的です。「あいさつができた」「ごはんをきれいに食べられた」など、見取った内容をこまめにフィードバックすることで、子どもは「こうすることが正しいこと」と思えるようになり、反対に「あいさつをしないと、なんだか心地が悪い」などの意識づけも行えるようになります。

即時と適時をうまく使い分ける

相手の行動に対し、その場で即時に「いいね」「すごいね」とフィードバックすれば、相手もその場で「自分のこの行動には価値がある」と気づけるものです。一方、あえて即時的にフィードバックをせず、もっとも効果的なタイミングを選んで適時的にフィードバックをする方法もあります。そうすることで、フィードバックの内容が行動の変化につながりやすくなります。**相手に刺さりやすく響きやすい**タイミングを探りましょう。

Point 4

押しつけはNG

“意識づけ”は直接と間接の両方から

価値として認めたいこと、伸ばしてほしいところ（行動強化）

価値として認めたくないこと、やめてほしいところ（行動弱化）

直接的な意識づけ

こちらが相手の行動などを見取り、「○○をがんばっているな」「ここはもっと変えたほうがいいな」と気づいたことがあったら、その点についてほめたり、アドバイスをしたりフィードバックを行います。そのときに使いたいのが、マイナスをプラスにひっくり返す「リフレーミング」。特に、親子関係の場合は「注意する」に目が行きがちに。「決断が遅い」→「慎重に考える」というように、とらえ方や発揮される状況によって非認知能力の評価は変わるのです（P.43参照）。

ほめるときのテクニック リフレーミング

否定的にとらえる
マイナスフレーム
・融通が利かない
・無理をしがち

意識的にひっくり返す

肯定的にとらえる
プラスフレーム
・意思が強い
・責任感が強い

間接的な意識づけには「仕掛け」を

相手をその気にさせるきっかけを与え、自分自身の意識へつなげていけるかかわりを「意識づけ」と表します。「押しつけ」の対比となる意識づけには、「直接的」と「間接的」に行う場合があります。

直接的な意識づけでは、こちらが相手の行動などを見取り、気づいたことをフィードバックします。それにより、相手が「だったら、こういう

「仕掛け」とは？

　相手に対してこちらから直接アプローチするのではなく、自分以外の何かを意図的に仕掛けることを意味しています。たとえば、本などの「物」や新しい「人」との出会い、通常の仕事以外の「活動」への誘いなどがあげられます。

　これらの中から、相手の意識づけになり得そうな何かを意図的に仕掛けてみることで、間接的な意識づけになることが期待できるでしょう。

間接的な意識づけ

　相手に「この本を読んでみたら?」と勧めるなどの働きかけで、相手の意識づけを促す方法です。こちらから押しつけて、やる気をなくすことを避けるためにも、あえてさりげない方法で働きかけるのが、間接的な意識づけの意義といえます。

行動をしよう」などの意識をもってくれるようになるのが特徴です。
　一方で**間接的な意識づけ**は、自分以外の「仕掛け」を使って、相手をその気にさせていく方法です。たとえば、相手に「世界情勢に興味をもって！」と説得したいなら、その人の近くに世界情勢にまつわる書籍をおいたり、雑談で話題にしたりすることで、相手が自然と興味をもち、「世界情勢について知りたい」という意識をもてるように仕向けるものです。

Point 5

相手を評価するのではなく

相手への働きかけについてアセスメント（評価）する

働きかけが相手に合っているかを定期的に確認する

相手の非認知能力を伸ばすために働きかけをしている間は、**働きかけについての「評価」**を定期的に行いましょう。日本では、評価というと「100点満点で○点」「5段階評価で3」などと「格付け」に近いものとして考えられがちですが、ここでいう評価は、自分の実感から得た主観的な情報と、相手の様子などを客観的に見て得た情報を合働きかけた相手がその結果、「できるようになった」「まだできない」と評価しがちですが、ここでの評価は、あなたの働きかけに対するものです。ただし、相手側と同じように最初はトライアンドエラーでもちろん構いません。試行錯誤を繰り返しながら、互いの成長につなげていきましょう。

わせて、状況を論理的に分析する「アセスメント」のことです。

なぜ働きかけに評価が必要かといえば、働きかけがうまくいかないのは、働きかけの難易度が高かったり、働きかけが相手に合っていなかったりすることがほとんどだからです。もし、働きかけても成果が見られないときには、こちらの働きかけのどの部分が相手に伝わっていないのか、働きかけのレベルが相手に合っているかどうかを評価してみましょう。

Point 6

まずは自分が成長すること！

相手の非認知能力の前に自分の非認知能力を伸ばす

自分こそが成長を止めない姿を見せる

他者の非認知能力を伸ばすには、指導・評価する側である**自分の非認知能力をまずは伸ばす**必要があります。

自分で非認知能力を伸ばしてこそ、伸ばし方がわかりますし、他者に対しても「この人にはどんな非認知能力があるか」「必要な非認知能力は何か」を判断することができるのです。また、非認知能力を身につけられて

お互いに成長し合う関係性

自己成長し続け、なおかつ、まわりからも評価されている人だからこそ、ほかの人の非認知能力を伸ばすために頭を使えるはずです。働きかけた相手の非認知能力が伸びていくプロセスに接するなかで、上司・同僚・部下の場合はもちろん、関係性は違えど、親子の場合もお互いに成長し合うことができるでしょう。

いない人が、どんなにまわりに「非認知能力を身につけよう!」と声高に叫んでも説得力はなく、だれもついていこうとはしないでしょう。

さらに、非認知能力を伸ばせる人は、基本的に**自己成長を心がけている人**といえます。そういった向上心にあふれる人が近くにいるだけで、「ああいう人になりたい」と自ら非認知能力を伸ばそうと思えるようになり、まわりの人にとっていい環境をつくることができます。

番外編

そうは言っても、

受け取る相手側も非認知能力が必要

相手がその気にならなければ身につかない力

熱心に働きかけても、非認知能力の向上が見られない人もいます。その人は、「他者からの働きかけを受け取る」という非認知能力が身についていない可能性があります。

この受け取れる力は、柔軟なマインドセットや謙虚さ、意欲があってこそ身につくものです。また、相手が「今やっていることは、自分のためになっている」自覚をもて

結論

自ら学び＆意識することで身についていく・伸びていく力

↓

非認知能力！

環境
その気になったぜ！
目的
ほめる・注意する
見取り
仕掛け
フィードバック

「自分のため」では、気分がのらない人もいるかもしれません。その場合は、自分がやったことが「だれかのため」になっているという考え方に変換してみましょう。「だれかのため」という利他の考え方がモチベーションをつくり出します。

るように配慮する必要があります。何かに取り組ませるにしても、目標からあまり離れていないことや、相手のやりたいこと・得意なことに目を向けるようにすることが大切です。そして、「これをやることで、今の自分にどんなメリットがあるのか」「将来、具体的な成長が見られるのか」を相手にははっきりとわかるように示しましょう。

あなたのサポートにより、**相手が自ら「やりたい！」**と**その気になるしくみをつくりましょう。**

column
7

非認知能力を身につけることは豊かな人生につながりますか？

みなさんに質問です。「豊かな人生」とはなんだと思いますか？　お金持ちになること？　出世すること？　それらはたしかに豊かさのひとつではありますが、お金も地位も、決して絶対的なものではありません。何かのきっかけで一気にお金を失ってしまうこともありますし、会社が倒産すれば、肩書は意味のないものになってしまいます。

一方で「非認知能力を伸ばす」ことは、「お金」や「出世」のようなものではなく、「自分なりの生き方を見つける」という、絶対的な「豊かさ」を手に入れるためのものです。

人生において、挫折や困難はつきものです。それにぶち当たったときに、「自分はダメだ」「どうして自分ばかり」などと、自己評価を必要以上に下げたり、まわりに責任を転嫁したりしていては、どんなにお金があろうとも出世しようとも、「豊かな人生」とはいえません。そんなときにこそ、「よし、やってやるぞ！」「今度はこんなチャレンジをしてみよう」と考えて行動し、試行錯誤しながら自分なりの生き方、自分にとっての幸せを見つける――それこそが本当の意味での「豊かな人生」だと思います。

そして、そういった考え・行動の原動力となるのが、非認知能力なのです。

非認知能力用語集

P.36-39、P.60-61

自分と向き合う力

自制心

欲や感情をコントロールし、目標達成に向けて冷静に行動できる力。仕事などの結果を出すために、一時的な欲求に流されず、計画通りに進められる。

○時間管理　○健康管理　など

忍耐力

困難な状況や不安定な環境において、粘り強く努力し続けられる力。予測できない問題やトラブルに見舞われたとき、それを乗り越えるために必要になる。

○難しいプロジェクトの担当

○厳しい納期への対応　など

回復力（レジリエンス）

失敗や挫折に陥ったとき、自らいち早く立ち直る力。失敗や強いストレスに直面したとき、心の状態を整え、再起するために

こんな力も非認知能力

自己管理能力

自分の感情や行動をコントロールする力。セルフマネジメントスキルとも呼ばれ、目標や目的意識をもち、時間管理や自己成長ができる。

○怒りやストレスへの冷静な対処

○優先順位をつけて業務を進める

問題解決力

問題に直面したときに、原因を分析し、適切な解決策を見つけ出せる力。「自信」や「楽観性」が加わることで、

立ち上がれる力。

○リスクやトラブルへの対応
○ストレス管理　など

自分を高める力

自信

自分の能力や判断を信頼する力。困難な状況でも前向きに取り組むことができ、他者に対しても効果的に自分を表現することができる。

○積極的に意見する
○新しいことに挑戦する意欲
など

楽観性

物事に対してポジティブな期待をもち、困難な状況でも前向きに捉えようとする力。失敗を恐れて、消極的な行動をすることが少ない。

○周囲に前向きな影響を与える
○問題解決への柔軟な対処　など

向上心

現状に満足せず、自分をさらに成長させようという強い意欲や姿勢のこと。スキルや知識を身につけ、キャリアアップにつなげることができる。

○スキルアップ
○自己改善　など

より発揮することができる。

○柔軟な考え方
○論理的な思考

主体性

自分の意志や判断により行動し、責任をもって物事を進める力。周囲の意見や指示に頼らず、行動した結果にも責任をもつ。

○積極的な提案
○責任ある行動

創造性

新しいアイデア価値、解決策を生み出す力。既存の枠に捉われることなく、独自の視点で問題を捉え、新しい方法でアプローチできる。

他者とつながる力

コミュニケーション力

他者と意見や情報をスムーズに伝え合う力。意見交換のほか、指示やフィードバックの際には、感情を読み取る力や話す力、聞く力が重要になる。

- ○プレゼンテーション力
- ○業務のスムーズな進行　など

共感性

他者の感情や立場を理解し、寄り添う力。仕事においての人間関係が円滑にまわり、チームの協力関係が深まる。

- ○相手の視点を尊重
- ○信頼関係　など

社交性

新しい人との出会いや関係を積極的に築こうとする力。他者との協力関係が築きやすく、ビジネスのチャンスが増える。

- ○チーム構築
- ○ネットワーキング　など

- ○独自の視点
- ○斬新なアイデア

リーダーシップ

チームや組織をまとめ、目標に向かって導く力。コミュニケーション力や決断力を発揮しながら周囲を巻き込み、協力し合う体制をつくる。

- ○信頼関係　○協調性

柔軟性

変化や新しい状況に対し、臨機応変に対応する力。自分の考えに固辞することなく、状況に適した行動を選択できる。

- ○変化に対応
- ○能動的な行動

用語さくいん

あ行

IQ ………… P.19
Intelligence Quotient の略で、知能指数を表したもの。学習や認知機能の可能性を評価するために使用される。

愛着関係 ………… P.44、135
人が他者に対して抱く強い絆や信頼関係のこと。特に乳幼児と養育者の間に形成される情緒的なつながりは、生涯にわたる対人関係の基本的な土台となる。

アセスメント ………… P.142
状況や能力を評価・分析すること。P.142では相手を評価するのではなく、相手への自身の働きかけについての定期的な評価の必要性を表す。

アリストテレス ………… P.134
古代ギリシャの哲学者で、西洋哲学の基礎を築く。プラトンの弟子として論理学や倫理学などを発展させ、後世の学問に大きな影響を与えた。

インパクトのある経験 ………… P.85、88
価値観や信念を変えるほど、自分にとっての大きな出来事。ここでは、病気や自然災害、身近な人の死をあげている。

AARサイクル ………… P.105
Action（行動）、Anticipation（見通し）、Reflection（振り返り）の略。行動後の振り返りから改善点を学ぶ循環的な仕組みを表す。

AI（人工知能） ………… P.12、25、69
Artificial Intelligence の略。人間のような学習や問題解決、意思決定など知的な処理を行うコンピュータシステムのこと。

OECD（経済協力開発機構） ………… P.9、105
日本を含む38か国の先進国が加盟し、世界の経済成長と貿易の促進を目指す国際機関。

か行

解像度を上げる ………… P.38、66
物事や考え方、視点などを詳しく明確に、深く理解しようとするプロセスの比喩。

気質……P・46、53、54、72
人が生まれつき持つ性質を表す。感情や思考の特徴など、行動や態度に影響を与える傾向がある。

基本特性……P・47、55
人の性格や行動パターンを決める根本的な特徴のこと。その人らしさを形作る重要な要素。

Claude……P・69
Anthropic 社が開発した言語モデルをもとにした人工知能。言語理解と生成能力をもち、人との対話や文章生成を行う。

計画的偶発性理論……P・126
人生やキャリアにおいて、偶然や予期せぬ出来事が重要な役割を果たすとする考え方。ただの偶然ではなくチャンスと捉え、柔軟に対処することで成功へとつながる。

言語化……P・66、68、79
頭の中にある曖昧な考えや感情、アイデアを言葉や文章で表現すること。自分の内面を整理し、言葉にすることで理解や共有がしやすくなる。

呼応関係……P・44
ある事柄が他の事柄に影響を与え合い、互いに反応する関係。

コンピテンシー……P・125
仕事や課題に対し、高い成果を生み出すために必要な行動の習慣化（行動特性）。単なる技術だけなく、状況に応じて適切に活用できる力を示す。

さ行

最適解……P・80
与えられた条件や制約の中で、最も効果的で効率的な解決策のこと。問題に対して望ましい結果を得るための方法や選択肢を指す。

座右の銘……P・60
自分の信念や人生の指針となる言葉や格言のこと。日々の行動や考え方に影響を与え、困難に直面したとき支えとなるもの。

仕掛け……P・140
なにかを実行するために準備や工夫をしておくこと。P・140では相手に行動を促すための手段や仕組み、目的を達成するための間接的な意識づけを表す。

自己肯定感（自己受容感）……P・30、45
自分を価値ある存在として大切に思うことができる感覚。自分の長所も短所も受け入れ、他人と比べずに自信をもって生きる心の状態。

自己調整（メタ認知）……P.47、94

自分の感情や行動を意識的にコントロールし、目標に向かって管理する力。ストレスや衝動に対処し、計画的にすすめる過程を示す。

自己認識（メタ認知）……P.47、94

自分を客観的に見つめ、考えや感情、行動を深く理解すること。他者との違いを認識し、行動へとつなげること。

自分軸……P.74

他人の意見や期待に左右されず、自分の価値観や信念をもとに判断し、行動すること。

社会情動的スキル……P.9

他人とのかかわりの中で感情を理解しながら適切に表現し、コミュニケーションをとる力。社会生活や人間関係を良好に保つために重要になる。

人生１００年時代……P.10、25

人々の平均寿命が延び、１００歳まで生きることが一般的になる社会のこと。従来の働き方や人生設計の見直しが求められる。

セレンディピティ……P.127

偶然の出来事や発見が、思いがけずよい結果につながること。

た行

対自的（⇔対他的）……P.36

自分自身に対して向けられた思考や態度を指す。メタ認知的な視点から自己を理解しようとする姿勢。

対他的（⇔対自的）……P.36

自分と他者との関係を意識し、互いのやりとりや理解を通じて、接点や影響を与え合う関係。

ChatGPT……P.69

人工知能を使って生成する会話型のAI。人との自然な対話や文章生成が可能な人工知能システム。

詰め込み教育……P.26

短時間に大量の知識や情報を詰め込む教育方法。理解や思考力よりも暗記に重点をおいた知識習得の傾向を表す。

は行

VUCAの時代……P.14、25

変動性（Volatility）、不確実性（Uncertainty）、複雑性（Complexity）、曖昧性（Ambiguity）の頭文字をとり、予測が難しい現代社会を表現。柔軟な対応や適応力の重要性を示す。

振り返り（フィードバック）……P・98、104～112、133

自分の行動や結果を見直し、改善点や良かった点を確認すること。他者からの意見をふまえて、成長や次の行動に活かすためのアプローチ。

フィードフォワード……P・103

未来に向けた改善点やアドバイスを伝えること。過去の失敗や経験を評価するのではなく、次の行動に活かすための前向きな指摘や提案。

ま行

マインドセット……P・146

物事に対する考え方やとらえ方のくせを表す。行動や成長に大きな影響を与えるもの。

マインドフルネス……P・109

今この瞬間に集中し、注意を向けること。過去や未来にとらわれず、現在に意識を向けることでストレスの軽減や平穏を促す。

メタ認知……P・94～112

自分の思考や認知の過程を客観的に意識し、理解する力。メタ認知により、問題解決や行動へとつなげていく。

メラビアンの法則……P・136

コミュニケーションにおいて、言葉の内容（7％）よりも、声のトーン（38％）、表情や身振り（55％）が重要な割合を占めるという理論。

モニタリング……P・96

目標や状況を継続的に観察し、データを収集・分析すること。さらに、その行動を評価し、必要に応じて調整や改善へとつなげる。

ら行

リフレーミング……P・140

物事の捉え方を意識的に変えること。ネガティブな状況や考えを、別の視点から見てポジティブに解釈し、感情や行動によい影響を与える方法。

レジリエンス（回復力）……P・24

困難や逆境に直面しても、柔軟に対応し、前向きに適応できる力。ストレスや失敗を乗り越えられる心の強さを意味する。

次に読む本

家庭、学校、職場で生かせる！
自分と相手の非認知能力を伸ばすコツ

中山芳一／東京書籍

先が見えない時代を生き抜くために求められる力が「非認知能力」。教育・子育てにかかわる人だけでなく、ビジネスの世界で人材育成に携わる人も注目する「非認知能力」の伸ばし方を理解したい人は必見。

学力テストで測れない非認知能力が子どもを伸ばす

中山芳一／東京書籍

仕事の成果や人生の充実度に大きくかかわる力「非認知能力」。子どもの発達に応じた非認知能力の伸ばし方や、それを支える大人たちの挑戦など、理論と実践を交えてポジティブに解き明かす。

「やってはいけない」子育て
非認知能力を育む６歳からの接し方

中山芳一／日本能率協会マネジメントセンター

「やってはいけないこと＝子どもの権利を侵害すること」。なぜ、それを避けるだけで子どもの自己認識が変わり、自己肯定感や非認知能力が高まっていくのかを丁寧に解説。

マンガでやさしくわかる非認知能力の伸ばし方

中山芳一、ユニバーサル・パブリシング、山中こうじ／
日本能率協会マネジメントセンター

先行きが不安な現代において、子どもには「自分の力で道を切り開いてほしい」と願う保護者に向けた一冊。マンガを交えてわかりやすく、家庭の中で「非認知能力」を高める方法を紹介。

その幸運は偶然ではないんです！

J.D. クランボルツ、A.S. レヴィン／ダイヤモンド社

将来のキャリアや人生の選択に悩みながら道を切り開いていったごく普通の人たちの物語をキャリアカウンセラーとともに読み解く。さまざまな転機に直面する人々に勇気を与える一冊。

実践知 -- エキスパートの知性

金井壽宏、楠見孝／有斐閣

「仕事の熟達に終わりはないが、方法はある」。どんな分野にもいる熟達者に、 誰もがなれる可能性がある。有益な形でその道を示すべく、心理学・組織論に基づいて働く人の普遍的な課題に挑む。

行動分析学入門―ヒトの行動の思いがけない理由

杉山尚子／集英社

部下に慕われないのは「指導力不足」？ 仕事が遅いのは「能力がない」から？ ビジネススキルの改善につながる「行動分析学」の面白さとその有効性を、わかりやすく解説する入門書。

短期間で組織が変わる 行動科学マネジメント

石田淳／ダイヤモンド社

心理学の「応用行動分析」をベースに、ビジネスで応用するための本。勘や経験に頼るマネジメントから、科学的で結果がわかるマネジメントへ。きちんとした理論と実践を学びたいあなたに。

ビジネスパーソンのための使える行動経済学
～ナッジ理論で人と組織が変わる

竹林正樹／大和書房

「優秀な若手ほどやめてしまう」「上司の頭がかたい」とすれ違う組織の問題を「行動経済学」が解決。正論を説くのではなく、行動を変えよう！ と明日から職場で試したくなる実例が多数。

おわりに

Conclusion

みなさん、いかがでしたか？　非認知能力はどのような力で、どうしていま注目を集めているのかおわかりいただけたでしょうか？　そして何よりも、みなさんご自身、さらにはみなさんのお子さんや身近な人たちが、この力をどうやって伸ばしていけばよいのかについてご理解いただけましたか？

ご理解いただけた方々でしたらきっと「なんだよ、こんなの子どもの頃から言われてきたことじゃないか」と思われたのではないでしょうか？　そうなんです！　私たち大人が、子どもの頃から言われてきたことばかりなのです。ただし、あの頃の多くの場合は、「気合いだ、気合いっ！」とか「根性見せろっ！」などと、ふわっとした言葉だけがぶつけられてきたように思えてなりません。

私は、本書の非認知能力の内容を通して一番重要なのは、実は「言語化」だったのではないだろうかと思っています。リモートなどを使って、遠くに離れていても一緒に仕事ができるようになった一方で、お互いに顔をつき合わせながら話し合うことが減ってしまいました。「タイムパフォーマンス（タイパ）」という言葉のもと、効率化や合理化がますます求められるようになりました。そのような中にあって、もはや「オレの背中を見て学べ」とか、先ほどのような精神論だけではどうにもならない時代へ突入したことは、たくさんの人たちが感じていることでしょう。だからこその言語化なのです。

自分がやってきたこと、うまくいったこともうまくいかなかったことも、それらを振り返り、自分だけでなく、ほかの人たちとも共有できるように言語化や体系化をしていく……あちこちでそれができれば、きっと私たちの「経験」は後世にたくさんの意味をもたらしてくれるのではないだろうかと気づかされました。

近年、「非認知能力」という力を伸ばすために言語化がなされるようになったことが、そんな気づきを与えてくれるきっかけになったといえるでしょう。

最後まで本書をお読みくださってありがとうございました。本書が、みなさんのお子さんや身近な方々、そしてみなさんご自身の非認知能力を伸ばしていくうえで少しでもお役立ていただけたのなら、こんなハッピーなことはありません。

中山芳一

中山芳一（なかやまよしかず）

1976年1月、岡山県岡山市生まれ。All HEROs 合同会社 代表。

IPU・環太平洋大学 特命教授。元岡山大学教育推進機構 准教授。

岡山大学教育学部卒業後、1999年当時は岡山県内に男性たった一人といわれた学童保育指導員として9年間在職。以降は、教育方法学研究の道へと方向転換する。幼児教育から小中高の学校教育まで、様々な教育現場と連携した実践研究を進める中、岡山大学で学生たちのキャリア教育の主担当教員となる。そして、四半世紀以上に及ぶ小学生と大学生に対する教育実践の経験から、「非認知能力の育成」という共通点を見出し、全国各地で非認知能力の育成を中心とした教育実践の在り方を提唱してきた。また、若者たちへの社会進出支援や企業向けセミナーなど、社会人を対象とした活動も精力的に行っており、非認知能力の重要性をあらゆる世代に発信している。主な著書に、『教師のための「非認知能力」の育て方』（2023年、明治図書）、『「やってはいけない」子育て—非認知能力を育む6歳からの接し方』（2023年、日本能率協会マネジメントセンター）、『家庭、学校、職場で生かせる！自分と相手の非認知能力を伸ばすコツ』（2020年、東京書籍）、『学力テストで測れない非認知能力が子どもを伸ばす』（2018年、東京書籍）などがある。共著書、監修書も多数。

サクッとわかる ビジネス教養　非認知能力

2025年2月25日　初版発行
2025年4月25日　第2刷発行

監修者　中山芳一
発行者　富永靖弘
印刷所　公和印刷株式会社

発行所　東京都台東区台東2丁目24　株式会社 新星出版社
〒110－0016　☎03（3831）0743

ISBN978-4-405-12039-6